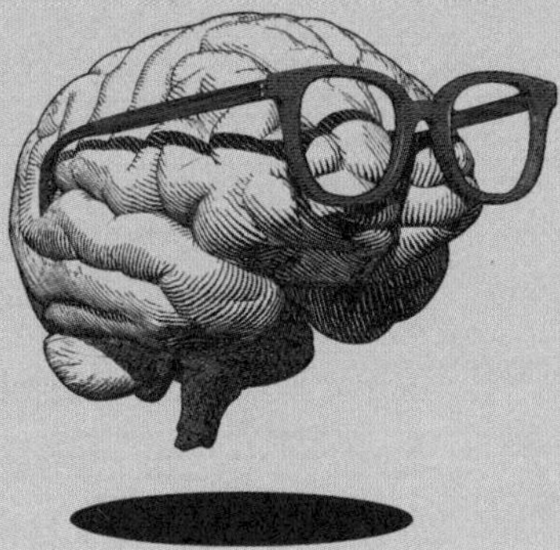

Julia Reichert

Hirn To Go

Für Benedikt

Haftungsausschluss:
Die in diesem Buch enthaltenen Informationen und Ratschläge wurden von der Autorin sorgfältig recherchiert und geprüft. Eine Garantie kann dennoch nicht übernommen werden. Die Informationen und Ratschläge sind außerdem nicht dazu gedacht, die Beratung durch einen Arzt oder Therapeuten zu ersetzen, sofern dies angezeigt ist. Unter keinen Umständen ist die Autorin oder der Verlag für irgendwelche Schäden oder Verluste haftbar, die dem Leser dadurch entstehen könnten, dass er sich ausschließlich auf Informationen in diesem Buch verlässt. Eine Haftung der Autorin oder des Verlags ist ausgeschlossen.

FSC MIX Aus verantwortungsvollen Quellen FSC® C014138 www.fsc.org

Product footprint CO_2 Neutral NC-CFM-015258 www.nepcon.net

1. Auflage 2022

ISBN 978-3-8000-7790-8
ISBN 978-3-8000-8222-3 (e-book)

Lektorat: Maria-Christine Leitgeb, www.diesprachagentur.com
Grafik Cover: Collage Adobe Stock: © Hein Nouwens & Oleksandr Babich
Grafik Gehirn innen: © shutterstock, Jolygon
Covergestaltung & Grafik: Saskia Beck, s-stern.com
Satz: Sabina Karasegh, skgh.at
Druck und Bindung: Finidr Ltd., Česky Těšin

www.ueberreuter.at

JULIA REICHERT

HIRN ToGo

Was wir von listigen Hirnforschern und smarten Prostituierten lernen können

ueberreuter

Dein Gehirn

A – Frontallappen
B – Parietallappen
C – Occipitallappen
D – Temporallappen
E – Kleinhirn
F – Hirnstamm

1 – Konzentration, Planung, Problemlösung
2 – Sprachproduktion
3 – Geruchssinn
4 – Motorik
5 – Tastsinn
6 – Geschmackssinn
7 – Visuelles
8 – Sprachverständnis
9 – Hören
10 – Gesichtserkennung
11 – Koordination

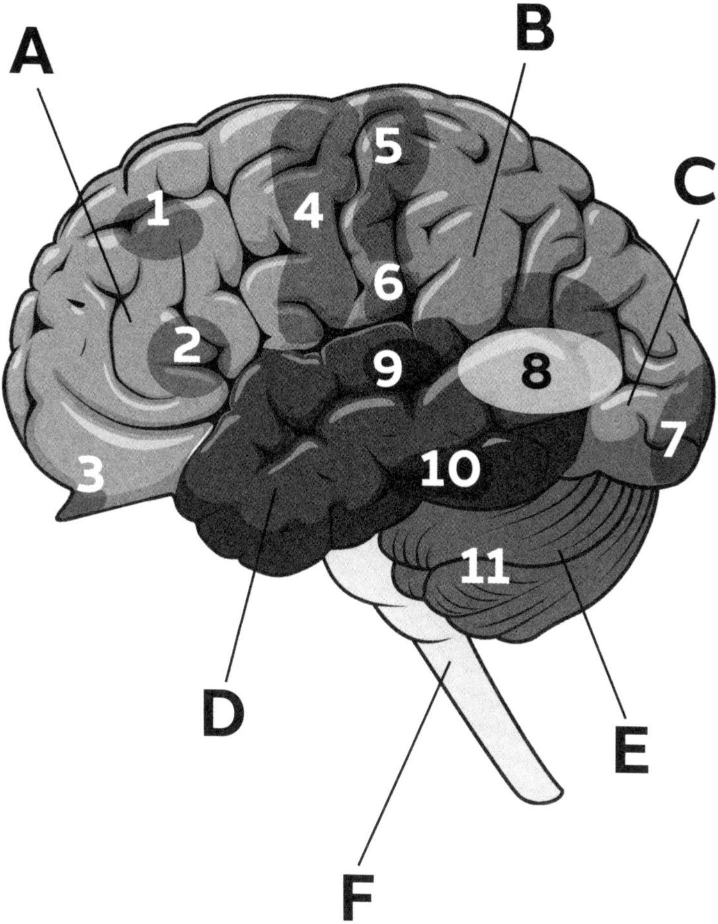
A
B
C
D
E
F
1
2
3
4
5
6
7
8
9
10
11

INHALT

VORWORT

Unser Gehirn ist manchmal ein kleiner Krawattenhändler. Man steht in der Wüste, hat Durst, alles, was man braucht, ist Wasser. Wasser läuft einem leider nicht über den Weg, dafür ein Krawattenhändler, der stolz seine Auswahl präsentiert. So ist unser Gehirn. Manchmal suchen wir händeringend nach der Lösung eines Problems, und was wir stattdessen bekommen, sind Erinnerungen an unser Abendessen oder der Ohrwurm von *My heart will go on*.

Dieses Buch handelt von einem komplexen Organ, das eigenwillig, stur und einzigartig ist und über ein unglaubliches Potenzial verfügt, das im Laufe unseres Lebens nur zu einem Bruchteil genutzt wird. Es bestimmt unseren Alltag und steht uns häufiger im Weg, als uns lieb ist. Warum halten wir nie unsere Neujahrsvorsätze ein? Wieso fällt es uns so schwer, morgens kalt zu duschen? Weshalb gucken wir so gern Realityshows, essen Süßigkeiten und lästern über unsere Mitmenschen? Und wieso können wir nicht der zielstrebige, erfolgreiche Mensch sein, der wir sein wollen?

Seien wir einmal ganz ehrlich: Wir leben in einer Welt der uneingeschränkten Möglichkeiten, in Wohlstand, Gesundheit und Komfort für viele, und dennoch (oder gerade deshalb?) schaffen wir es, uns über die kleinsten Unannehmlichkeiten wie einen geklauten Parkplatz, eine verkürzte Mittagspause oder eine verpasste U-Bahn so aufzuregen, dass es uns die Stimmung verhagelt. Wir werden scheinbar immer schlauer und stumpfen dafür emotional ab. Wir haben einen Haufen virtueller Freunde und Follower, aber laufen Gefahr, unsere Freunde zu vernachlässigen, wenn sie spontan vor der Tür stehen. Wir sorgen uns um äußere Sicherheit und fühlen uns im tiefsten Inneren verloren. Wir streben nach großen, ungesunden Zielen wie einer Beförderung oder einem dickeren Auto und verlernen dabei, uns über die kleinen Dinge im Leben zu freuen. Wir entfremden uns – von der Natur, von uns selbst. Werden wir zu gefühlskalten, jammernden Robotern, obwohl es uns auf unserem IKEA-Sofa mit dem Glas Aperol Spritz in der Hand doch zweifellos blendend gehen sollte?

Wieso tendieren wir dazu, Gutes schlechtzureden und uns ständig optimieren zu wollen? Was können wir tun, um einfach mal glücklich zu sein? Wir müssen unseren eifrigen Krawattenhändler, die Kommandozentrale auf unserem Haupte, verstehen lernen – das Gehirn, das einzige Organ, das dazu überhaupt fähig ist.
Unser Hirn ist ein ziemlich scheues Wesen. Im Normalfall bekommen wir es im Laufe unseres Lebens nicht ein einziges Mal zu Gesicht. Es ist wie der Chef, der sich niemals blicken lässt, im Hintergrund aber die Fäden zieht und wirklich jede Entscheidung für uns trifft, sogar lange bevor uns diese Entscheidung bewusst wird. Leider sitzt es auch niemals philosophierend neben uns auf einer Parkbank und verrät beispielsweise, weshalb man sich gestern so niedergeschlagen gefühlt hat. Es lebt in der abgedunkelten Kopfhöhle und ist den lieben langen Tag damit beschäftigt, sich die Realität um uns herum nach Gutdünken auszumalen. Es geht nicht joggen, es entscheidet, dass wir joggen gehen. Es trinkt keinen Café, es entscheidet, dass wir einen Café trinken.
Neben seinem dominanten Drang Entscheidungen zu treffen und seinem ausgeprägten Sinn für Halluzinationen neigt es leider auch zu Pessimismus. Ganz recht! Du hast da oben einen kleinen Pessimisten sitzen! Das hat mit unserem Instinkt zu tun, denn das Gehirn ist seit jeher auf lebensbedrohende Reize und Gefahren spezialisiert. Es musste sich, wo es nur konnte, auf Bedrohliches konzentrieren. Das konnte ein gefährliches Raubtier oder eine unbekannte Pflanze sein. Ein Fokus auf das Schöne im Leben ist nun mal nicht ratsam, wenn Letzteres dadurch rascher beendet sein kann. An dem Negativfokus hat sich bis heute nicht viel geändert, außer dass wir seltenen gefährlichen Raubtieren begegnen. Unsere Aufmerksamkeit liegt jedoch noch immer auf dem Negativen: den Zug verpassen, Kopfschmerzen haben, einem blöden Kommentar – und schon ist der Tag im Eimer. So kommt es, dass wir trotz des Paradieses, in dem wir heute leben, manchmal wie Giftzwerge meckernd herumlaufen und schlechte Laune verbreiten.

Das menschliche Gehirn ist kompliziert. Der Mensch als die Krönung der Schöpfung – schön wär's! Er ändert ständig seine Meinung und ist imstande, sich selbst und andere zu belügen. Vor allem aber versteht er sich selbst kaum. Viele scheinen ihr Innerstes gar nicht erst kennenlernen zu wollen und ertränken es deshalb im Konsum von Fernsehsendungen, Arbeit oder Alkohol. Was wäre, wenn wir uns und unser Verhalten besser verstehen würden? Wenn wir wüssten, warum Männer in Verhandlungen meist selbstbewusster sind als Frauen und weshalb wir vergessen, was wir vorgestern gefrühstückt haben? Was wäre, wenn wir die Prozesse in unserem Gehirn und unserer Gefühlswelt nachvollziehen könnten? Wir könnten Einfluss auf unser Fühlen und Handeln nehmen und die Dinge, die uns schon lange ärgern, endlich verändern.

In diesem Buch erfährst du, weshalb ein Stück Schokolade zum Frühstück glücklich macht, wieso du dein Handy öfter zu Hause lassen solltest und was rosa Katzen mit Erfolg zu tun haben. Weshalb wir unbedingt damit aufhören sollten, wie schlaflose, arbeitswütige Zombies durch die Gegend zu laufen, damit wir nicht schon mit dreißig Jahren dement werden. Oder weshalb unser Gehirn besser funktioniert als ein Computer, Einsamkeit schlimmer ist als eine Zigarette und vor allem, weshalb es uns so verdammt schwerfällt, in unserem kleinen Paradies das große Glück zu erkennen.

Schnapp dir ein Eis am Stiel und such nach guten Problemen in deinem Leben. Erfahre, wie Kühe Depressionen heilen können, und erlebe wieder Abenteuer, anstatt zu Hause vor dem Fernseher zu versauern. Du hast nur ein einziges Leben – höchste Zeit, es mit Köpfchen zu führen.

Wieso *to go*? Manchmal muss es schnell gehen. Pizza, Cappuccino, Döner – wieso dann nicht auch eine Portion *Hirnforschung to go*? Gönn dir jeden Tag ein Kapitel Weisheit: kurz, prägnant, heiß und einfach zum Mitnehmen.

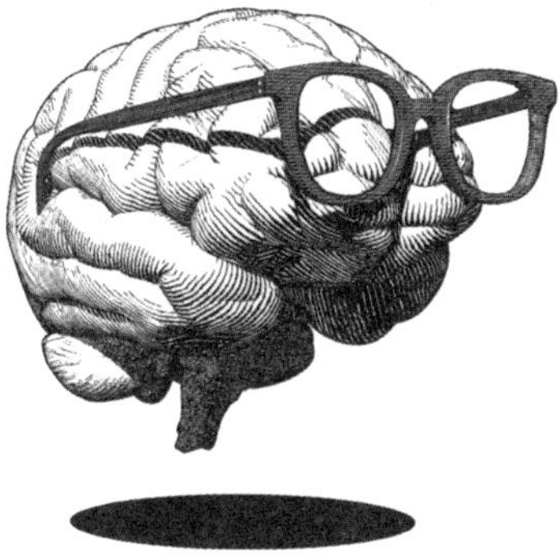

1. WAS UNS UNSER KOPF SAGEN WILL

Hab dein erstes Mal!

Wieso wir alle mit dreißig ein bisschen dement werden und wie wir Alzheimer vorbeugen können

Dinge, die man nie vergisst:
den ersten Kuss
das erste Mal Sex
die erste große Liebe
P. Sherman, 42 Wallabyway, Sydney

– anonym

Mit wem hattest du deinen ersten Kuss? Wie war dein erster Schultag? Wir erinnern uns erstaunlich gut an unsere ersten Male, mögen sie auch weit in der Vergangenheit liegen. Dafür wissen wir kaum noch, was wir vorgestern gemacht haben und wo wir an unserem vorletzten Geburtstag gewesen sind. Woran liegt das? Werden wir alle im Laufe unseres Lebens ein bisschen dement?

Der erste Urlaub ohne meine Eltern. Ich erinnere mich noch ganz genau daran. Ich war achtzehn, der Geruch von Freiheit lag in der Luft, alle Türen standen mir offen, ich fühlte mich lebendiger als je zuvor. Jeder Windhauch schmeckte nach Abenteuer und jeder Sonnenuntergang war so schön, dass ich das versiffte Hotelbett, das ich mir als Studentin leisten konnte, glatt darüber vergaß. Obwohl die Reise weit in der Vergangenheit liegt, kann ich mich erstaunlich genau an viele Details erinnern. Ähnlich präzise kann ich meine erste Trennung beschreiben, die erste Autofahrt hinter dem Steuer meines eigenen Autos und meinen ersten Schultag. Fragt man mich aber nach meinem vorletzten Geburtstag oder danach, was ich letzten Montag gegessen habe, verschlägt es mir häufig die Sprache. Ich weiß es einfach nicht mehr.

Zwischen dreißig und sechzig? Erinnerungslücke!

Neueste Studien am Hippocampus zeigen, dass wir uns an Erlebnisse aus unseren Teenagerjahren besonders gut zurückerinnern. Detailliert, teilweise sogar mit genauem Datum, können wir sagen, wann wir zum ersten Mal verliebt waren und welche Farbe das Sofa im Zimmer unseres Schwarms hatte, auf dem wir unsere erste wilde Knutscherei hatten. Wir wissen noch, dass es nach Lavendel roch am Tag, als unser erstes Haustier starb, und dass wir an einem bitterkalten Herbstmorgen unsere erste eigene Wohnung mit Möbeln ausgestattet haben.
Wissenschaftler fanden heraus, dass es im Alter zwischen circa dreißig und sechzig Jahren erinnerungstechnisch ganz schlecht um uns bestellt ist. Das Gedächtnis verschwimmt zu einem Einheitsbrei, selbst Geburtstage werden nur noch vage rekordiert. Was ist los in diesen dreißig Jahren in der Mitte unseres Lebens? Die Gründe für die natürliche Erinnerungslücke sind noch nicht eindeutig. Eine Ursache liegt aber klar auf der Hand: Ab den Dreißigern gehen viele Menschen einer festen Tätigkeit nach, gründen eine Familie und leben in ihrem Alltagstrott. Da wird der 3569. Kuss an den Partner vergeben, das fünfte Auto gekauft, zum siebten Mal umgezogen etc. Die wenigsten Menschen tun in diesem Zeitraum Dinge zum allerersten Mal.

Erwachsene können nichts Neues mehr lernen? Quatsch! Das Gehirn liebt Veränderungen

Liegt das etwa am Alter? Im Volksmunde heißt es etwa, Kinder würden viel schneller Neues erlernen als Erwachsene. Mit über dreißig Jahren noch Französisch lernen? Für die meisten ein undenkbares Vorhaben. Kinder lernen aber nicht *per se* schneller als Erwachsene. Erwachsene verlernen nur häufig im Laufe ihres Lebens das Lernen. Beschäftigt sich der Mensch nicht stets mit Neuem, dann rostet er ein. Getreu dem Motto: Wer rastet, der rostet. Das Gehirn ist aber zum Glück plastisch und jederzeit bereit für Veränderungen.

Unser Gehirn ist plastisch und wandelbar. Der Occipitallappen, der hinterste Bereich unseres Gehirns, ist für das Sehen verantwortlich. Bei einem Menschen, der blind auf die Welt kommt, übernimmt der Occipitallappen anstelle des Sehens andere Aufgaben wie zum Beispiel das Tasten oder Hören. Nicht selten kommt es dann vor, dass ein Blinder besser hören oder riechen kann als ein Sehender.

Lernt man regelmäßig eine neue Fremdsprache, wird es auch mit vierzig Jahren nicht schwerfallen, eine weitere Sprache zu sprechen. Beim Erwerb von Fremdsprachen liegt der einzige Unterschied zwischen Kindern und Erwachsenen in der richtigen Aussprache. Während Kinder bis zu einem Alter von etwa sechs bis zehn Monaten noch über ein universelles phonologisches System verfügen, ebbt die Fähigkeit der Lautunterscheidung mit zunehmendem Alter ab.[1] Das bedeutet, dass ich, lerne ich eine Fremdsprache, nur die Laute benutze, die ich aus meiner Muttersprache kenne. Die fremden Laute können teilweise nicht erkannt beziehungsweise nachgeahmt werden, und so kann es zu der Entwicklung eines stärkeren Akzents bei Erwachsenen als bei Kindern kommen.
Der Konsonant D wird beispielsweise im Deutschen viel härter ausgesprochen als im Spanischen. Hören Spanier unser D, dann nehmen sie es eher als T wahr. Wir fassen das spanische D nicht als weicher gesprochenen Konsonanten auf und sprechen deshalb unbewusst mit einem harten deutschen Akzent, wenn wir in Madrid ein Zugticket ordern.

Eine Fremdsprache zu lernen, wäre eine Möglichkeit von vielen, etwas Neues auszuprobieren. Dieser Schritt fällt uns aber ganz schön schwer. Sind wir einfach nur faul, sehr beschäftigt, oder wieso probieren wir selten etwas Neues aus? Was hält uns davon ab, erste Male zu erleben?
Viele Menschen haben Angst vor Veränderungen, Unbekanntem und davor, ihre Komfortzone zu verlassen. Geht es dir genauso? Dann möchte ich dich etwas fragen: Erinnerst du dich noch daran, wie du Fahrradfahren gelernt hast? Ist es dir wie eine unüberwindbar große Hürde vorgekommen? Vielleicht hast du danach noch gelernt, Inlineskates, Skateboard, Ski, Roller, Auto oder Einrad zu fahren. Bei jedem neuen Fahrzeug hast du ein Stückchen mehr die Angst vor der Sache verloren. Du hast ans Fahrradfahren zurückgedacht. Nach einiger Übung hat es geklappt. Wieso sollte Roller- oder Skifahren also nicht funktionieren? Je mehr wir lernen, desto größer wird unser Selbstvertrauen, desto kleiner wird die Angst vor dem Unbekannten und dem Erlernen neuer Fähigkeiten. Wenn ich schon Englisch und Latein gelernt habe, wieso sollte es dann mit Griechisch nicht klappen? Wenn ich gelernt habe, mit Windows 10 umzugehen, wieso sollte es mit dem neuen Betriebssystem nicht funktionieren? Im Beruf wirkt sich kompetentes Verhalten in ungewohnten Situationen positiv auf unser Erscheinen aus. Wirst du mit einer neuen Aufgabe konfrontiert, begegnest du ihr gelassen und suchst Lösungsansätze aus deinem Erfahrungsrepertoire, schließlich hast du schon x-mal neue Herausforderungen gemeistert – und es hat immer eine Lösung gegeben. Nie hat die Herausforderung mit dem grausamen Tod geendet, oder? Wovor also Angst haben? Diese Einstellung macht dich im Berufsleben souverän und unerlässlich für deine Mitarbeiter, Kunden und Vorgesetzten. Ständiges Lernen, Erleben neuer Erfahrungen und die damit verbundene Kompetenz, mit neuen Situationen lässig umzugehen, ist ein Erfolgsgarant im Berufsleben.

Neues macht uns also souveräner und schafft detaillierte Erinnerungen. Wieso ist es noch sinnvoll, etwas zum ersten Mal zu tun?

Bye, bye Alzheimer

Neues auszuprobieren und erste Male zu haben, stellt Erstaunliches mit unserem Denkorgan an. Studien zeigen, dass beispielsweise das Erlernen einer Fremdsprache oder eines Musikinstruments das Ausbrechen von Alzheimer um einige Jahre hinauszögern kann.[2]

Alzheimer ist eine schlimme Volkskrankheit, deren erstes Symptom erst auftritt, nachdem man bereits zehn Jahre mit der Krankheit gelebt hat, ohne es zu merken. Nach und nach sterben Neuronen und Synapsenverbindungen ab. Zunächst leidet das Kurzzeitgedächtnis darunter, man hat Probleme damit, sich Namen und Orte zu merken. Dann greift die Krankheit gemächlich weitere Hirnareale an. Die Folge sind Gleichgewichtsstörungen und der Verlust von Erinnerungen, die lange zurückliegen. Am Ende erkennt der Patient nicht einmal mehr seine Angehörigen und stirbt am Verlust einfachster Gehirnfunktionen wie zum Beispiel der Atmung. Da Alzheimer gehirnübergreifend alle Regionen beschädigt, verändert die Krankheit in vielen Fällen den Charakter, also die Kerneigenschaften eines Menschen. War jemand seinen Lebtag lang ein gutmütiger, geduldiger und großzügiger Mensch, kann Alzheimer aus ihm einen ruhelosen, garstigen, ja sogar bösartigen Menschen machen – und umgekehrt.

Ich will dir nichts vormachen, Alzheimer ist ätzend, nicht nur für den Leidenden selbst, sondern auch für seine Angehörigen.

Die genauen Gründe für das Ausbrechen von Alzheimer sind zwar noch ungewiss, allerdings weiß man, dass Gehirnjogging und das Erlernen von Neuem die Krankheit stark hinauszögern beziehungsweise verhindern können. So wie man seinen Körper trainiert, sollte man auch seinen Geist auf Trab halten. Mache ich jeden Tag einen langen Spaziergang oder gehe eine Runde laufen, bleibt mein Körper wahrscheinlich länger gesund und fit, als wenn ich, mit Chipstüten bewaffnet, vor dem Fernseher herumlungere. Stell dir das auch für deinen Geist vor. Je mehr Denksport du treibst, desto länger bleibt dein Oberstübchen auch fit.
Fatale Auswirkungen auf unser Gehirn hat vor allem der Alltag, der selten wirklich Neues oder Veränderungen mit sich bringt. Ein häufiger Wechsel der Umgebung – durch einen Umzug oder eine Reise zum Beispiel – hilft bereits bei der Schaffung neuer Erinnerungen.

Tu etwas zum ersten Mal und schaffe wichtige Details für dein Gedächtnis. Geh in einen Trampolinpark, spring im Dezember in den See, nimm Gitarrenunterricht oder lerne eine Fremdsprache. Es tut nicht nur deinem Oberstübchen, sondern auch deinem Selbstbewusstsein gut. Verändere deinen Alltag, indem du mal einen anderen Weg zur Arbeit nimmst oder einen neuen Stadtteil erkundest. Ging es bisher immer an die Ostsee in den Urlaub? Dann fahr doch das nächste Mal mit dem Fahrrad in die Alpen. Deiner Kreativität und Neugier sind keine Grenzen gesetzt.

Iss Kakerlaken!

Wieso es so viel leichter ist,
schlecht drauf als gut gelaunt zu sein

> Die Krankheit unserer Zeit ist der Perfektionismus.
>
> – Konrad Adenauer

Stell dir vor, du hast einen Teller mit deiner Lieblingspizza vor dir stehen. Mhm ... Toll, nicht? Leider siehst du beim genaueren Hinsehen, dass sich auch eine fette Kakerlake auf deine Pizza verirrt hat. Wirst du sie trotzdem noch essen? Vermutlich nicht. Die eine Kakerlake hat das ganze Essen versaut. Wie sieht es denn andersherum aus? Vor dir steht ein Teller voll mit Kakerlaken, darauf ein kleines Stück deiner absoluten Lieblingspizza. Wirst du das Stück essen? Oder ist dieser Anblick gar noch schlimmer als der erste?

Das Böse ist facettenreicher als das Gute

Das Phänomen nennt sich negative Prägung beziehungsweise *negative bias,* und Wissenschaftler sind sich nicht einig, weshalb Menschen und auch Tiere diese Prägung haben. Einige behaupten, sie existiere, um uns vor dem schlimmsten nur denkbaren Szenario zu schützen: dem Tod. Evolutionstheoretisch ist es nur sinnvoll, dass wir aus negativen Erfahrungen lernen und sie einen bleibenden Eindruck bei uns hinterlassen, damit wir denselben Fehler nicht wiederholen. Aber ist nicht genau das ein perfekter Herd, um in unserer heutigen Zeit eine Unzahl an Pessimisten zu erschaffen? Die wenigen positiven Gefühle, die wir in der Lage sind zu empfinden, haben es schwer, sich gegen die vielen negativen durchzusetzen.

Wut, Angst, Trauer, Ekel, Enttäuschung, Schuld, Scham
vs.
Überraschung, Freude, Liebe

Das Böse ist noch dazu facettenreicher als das Gute, es bleibt länger in unserem Gedächtnis und setzt sich beim direkten Vergleich mit dem Guten oftmals durch. Wenigstens werden negative Erinnerungen mit der Zeit im Gedächtnis neutralisiert, was an der Motivationsfunktion unseres walnussförmigen Denkorgans liegt.

Während wir Sport treiben, fragen wir uns manchmal: „Warum tue ich mir das eigentlich an?“ Die Muskeln schmerzen, man hat keinen Bock. Nach dem Sport fühlen wir uns aber großartig, verdrängen die Pein des Work-outs und nehmen uns vor, morgen gleich wieder zu trainieren. Was wir nicht wissen: Unser Kopf hat uns ausgetrickst und unsere Schmerzerinnerung einfach ausgeblendet, damit wir motiviert sind, unserem Körper wieder etwas Gutes zu tun.

Wie können wir uns dennoch dem Bösen widersetzen? Wir müssen die Frage klären, warum wir schnell dazu neigen, etwas negativ zu bewerten.

Stell dir ein Glas Wasser vor. Das Wasser ist sauber und rein. Mit anderen Worten: Es ist perfekt. Nun gibst du einen Tropfen Tinte dazu. Das Wasser ist fortan verschmutzt. Du kannst es noch stärker verschmutzen mit mehr Tinte, aber du kannst es nur unter erschwerten Bedingungen reinigen und in seinen puren Urzustand versetzen. Es gibt nur einen wirklichen Zustand des Guten: die Perfektion, die absolute Reinheit. Es ist ein Leichtes, sie zu verschmutzen, sie *negativ* zu machen. Aber sie wieder ins Positive zu verwandeln, also zu säubern, ist viel schwieriger.

Der Ansatz der Perfektion ist also das Problem. Verlangen wir von unserem Leben, absolut perfekt zu sein, werden wir oft enttäuscht werden. Die wiederkehrenden Enttäuschungen machen uns traurig und pessimistisch. Wer häufig enttäuscht wird, hat es schwerer, optimistisch zu bleiben. Auf die Einstellung kommt es also an. Ein positiv gestimmter Optimist zu sein, hat viele Vorteile. Er lebt nicht nur glücklicher, sondern auch länger! Pessimisten haben erwiesenermaßen eine geringere Lebenserwartung als Optimisten. Die Forschungsgruppe um Lewina O. Lee[3] unterteilte die Teilnehmerinnen einer wissenschaftlichen Studie von 2019 in vier Gruppen: von sehr pessimistisch zu sehr optimistisch. Die optimistische Gruppe

hatte eine fünfzehnprozentig höhere Lebenserwartung als die pessimistische. Zwar sorgen sich Pessimisten im Schnitt mehr um ihre Gesundheit, dennoch sind sie anfälliger für Erkrankungen und werden öfter von psychischen Problemen belastet als Optimisten.
Werden wir uns alle dahingehend verändern können, das Leben auch mit all seinen unschönen Seiten lieben zu lernen? Ich persönlich sehe das ganz optimistisch.

Verlange nicht von deinem Leben, perfekt zu sein. Nimm Situationen einfach an, wie sie sind. Auch schmerzende Erfahrungen sind ganz normal und gehören zum Leben dazu. Sei dankbar dafür, wir können so viel von ihnen lernen. Wenn mal etwas schiefgeht, dann lach einfach darüber, anstatt dich zu ärgern.

Sei gut im Bett!

Warum wir mehr schlafen sollten und Workaholics uncool sind

> Muße, nicht Arbeit, ist das Ziel des Menschen.
>
> – Oscar Wilde

Sind wir alle schlecht im Bett?

Manche Menschen brüsten sich gern mit der Anzahl an Stunden, die sie *nicht* im Bett verbracht haben. Aus irgendeinem Grund ist Schlafen, Dösen und Pausieren total uncool. Sich zu Tode zu rackern und sich nach kaum fünf Stunden Schlaf mit einem Coffee to go in der Hand in die U-Bahn zu quälen, hat sich im westlichen 21. Jahrhundert zum neuen Status quo etabliert. Es scheint in Stein gemeißelt zu sein: Fleiß ist gut, und Faulheit ist schlecht. Das ist aber nur bedingt richtig. Man kann nur produktiv und fleißig sein, wenn man sich auch

Auszeiten nimmt und regelmäßig den Geist in den Urlaub schickt.Dennoch nehmen viele Leute lieber die Folgen des Schlafmangels, Burn-out, Depression, Verdauungsstörungen und ein früheres Ableben in Kauf, bevor sie den Stempel der Faulheit aufgedrückt bekommen. Ich rate dir: Sei stolz darauf, gut schlafen zu können. Ich persönlich schlafe viel, oft bis zu zehn Stunden pro Nacht – und es tut verflixt gut. Warum tue ich das? Weil es so guttut, deshalb. Sollte ich mein Schlafverhalten an die Meinung der Bevölkerung angleichen? Nein! Warum nicht? Weil Schlafmangel ungesund ist und unsere Lebensqualität bedeutend mindert. Warum, wieso, weshalb möchte ich dir jetzt erklären.

Viele Leute nehmen lieber die schlimmen Folgen von Schlafmangel in Kauf, bevor sie den Stempel der Faulheit aufgedrückt bekommen

Während einer Konzentrationsphase oder eines Erlebnisses ist unser Gehirn mit der reinen Wahrnehmung der Reize beschäftigt. Erst wenn unser Default Mode Network (das Netzwerk im Kopf, das wie unser persönlicher Autopilot läuft, beispielsweise beim Gehen, Autofahren oder Zähneputzen) anspringt, wird das Erlebte auch verarbeitet, interpretiert und sortiert. Man stelle sich das vor wie bei einem Einkaufsbummel: Während des Einkaufs sind wir nur mit dem Einpacken beschäftigt und werfen die Produkte einfach in unseren Einkaufswagen. Sobald wir zu Hause angekommen sind, packen wir in Ruhe aus, sortieren das Gekaufte in die dafür vorgesehenen Schubladen und Schränke und verarbeiten die Lebensmittel anschließend zu einem leckeren Abendessen.
Wie die Verarbeitung der Informationen aussieht? Die Konzentrationspause fördert das Bilden von Synapsenschlüssen und somit die Effektivität des Lernens. Wer hätte gedacht, dass Nichtstun ebenso wichtig ist wie die Konzentrationsphase?

Sterben wir jede Nacht?

Träumen ist alles andere als eine unbewusste Handlung. Jede Nacht sterben wir quasi einmal. Wir verlieren beim Schlafen nämlich unser Bewusstsein. Dennoch träumen wir ganz bewusst. Wie bitte? Ja! Wir träumen allerdings nur von den Momenten, die wir schon mal erlebt, gesehen, gerochen, gefühlt haben, da wir im Schlaf keinen neuen Input von der Außenwelt bekommen. Tagsüber setzt sich unser Bewusstsein aus den ständig auf uns einwirkenden Reizen und unseren bisher erlebten Erfahrungen zusammen. Nachts hingegen werden wir von keinen neuen Eindrücken abgelenkt. Das Ergebnis: ein bunter Mischmasch aus bereits erlebten Situationen. Wenn wir also bewusst träumen, wieso hinterfragen wir unsere Träume dann nicht? Sobald wir schlafen, erleben wir häufig wirres Zeug. Im Traum selbst ergibt der Zirkus von Dinosauriern, die Kaffee trinken, während uns langsam die Zähne ausfallen, Sinn. Das liegt daran, dass sich unser Präfrontaler Cortex auch aufs Ohr gehauen hat. Er ist für rationale Denkprozesse zuständig, und sobald er „ein Nickerchen macht“, überdenken wir unsere Gedanken nicht mehr. Wir halten das Geträumte dann für die Realität, und es erscheint uns logisch, dass unsere Mutter wie ein Elefant auf Stelzen herumläuft.

Pausieren in Phasen höchster Konzentration ist mindestens genauso wichtig wie eine gute Mütze voll Schlaf, denn auch eine kurze Pause trägt bereits zur Gedankenverarbeitung bei. Der Gedächtnistrainer Markus Hofmann schwört auf fünf Minuten Pause nach zehnminütigem Vokabellernen. Nur so kann das Erlernte auch wirklich verarbeitet werden. Die kurze Pause wird mit leichter Bewegung (gern an der frischen Luft) oder einem kleinen Snack gefüllt. Dann geht es wieder ran an den Speck. Mit dieser Methode hat mir Markus 2005 geholfen, in kürzester Zeit einhundert verschiedene Schottenrockmuster für eine Fernsehsendung auswendig zu lernen. In wenigen Stunden, die

aufgeteilt waren in Konzentrations- und Entspannungsphasen, habe ich die unterschiedlichen Tartans erlernt.
Wenn wir also nicht pausieren oder zu wenig schlafen, können nicht alle Gedanken richtig sortiert und eingeordnet werden. Gedächtnislücken und Verwirrtheit sind das Resultat. Außerdem sind wir nach einer dicken Mütze Schlaf sehr viel entspannter und energetischer. Schlechte Stimmung hat meist ganz banale Ursachen: das falsche Essen, zu wenig Sonnenlicht oder zu wenig Schlaf. Vielleicht bist du also nur deshalb depressiv verstimmt und bekommst nichts auf die Reihe, weil du deinen Wecker noch nicht auf den Müll verbannt hast?

Schlaf dich aus und gönn dir viele Pausen, in denen du einfach die Seele baumeln lässt. In dieser Zeit sollte man sich auch auf gar keinen Fall von dem Fernseher, PC oder Smartphone passiv beschallen lassen, denn Ablenkung ist nicht gleich Entspannung. Gewöhne dir an, früher ins Bett zu gehen und abends in Ruhe zu lesen oder für ein paar Minuten zu reflektieren. Versuche, dir eine Zeit lang keinen Wecker zu stellen, und finde heraus, wie viel Schlaf du wirklich benötigst.

Mach die Welt, wie sie dir gefällt!

Was ist Realität? Halluzinieren wir vielleicht die ganze Zeit?

> Die Augen an sich sehen nicht; es verhält sich so,
> dass wir durch unsere Augen sehen.
>
> \- Platon

Stell dir vor, du sitzt in einer stockfinsteren Höhle. Tagein, tagaus verharrst du an ein und demselben Ort. Es dringt nur selten schummriges Licht hinein, und auch Geräusche nimmst du lediglich dumpf durch die dicken Wände wahr. Alles, was sich außerhalb deiner Höhle befindet, ist für dich nicht greifbar. Du kannst dir also nur vorstellen, was hinter den Mauern

geschieht, während du wie versteinert in dem dunklen Raum sitzt. Du fängst an dir vorzustellen, was außerhalb deiner Höhle geschieht.
Was, wenn ich dir sage, dass dein Gehirn in dieser Höhle sitzt und rund um die Uhr halluziniert? Es hat die Außenwelt noch nie gesehen, geschweige denn betreten und kann sich deshalb nur vorstellen, wie es da draußen wohl aussehen mag. Wie kann man es ihm verübeln? Es ist nun mal einfach neugierig.

Ändern wir unsere Glaubenssätze, ändern wir auch unsere Realität

Manche Menschen versteifen sich auf die Annahme, die Realität spiele sich vor ihren Augen ab. Der Chef behandelt mich immer ungerecht, das Wetter ist viel zu kalt für Juli, und überhaupt sind meine Oberschenkel viel zu fett, und ich muss unbedingt ein paar Kilo abnehmen, um schön zu sein. Das sind negative Glaubenssätze, die von niemand Geringerem kommen als von dir selbst. Wir nehmen Eindrücke aus unserer Umwelt auf und verarbeiten sie zu unserer Wirklichkeit. In dem oben genannten Fall sehen wir unseren Alltag durch eine negativ gefärbte Brille und verwandeln alles, was uns geschieht, in pessimistische Ansichten. In dieser Denkweise liegt das Problem, denn unsere Wirklichkeit wird von unserem Gehirn konstruiert. Ändern wir unsere Glaubenssätze, ändern wir auch unsere Realität. Begegnen wir jeder Situation wohlgesonnen und bewerten sie positiv, dann leben wir ein wunderschönes und erfolgreiches Leben. „Wie schön, dass es noch so kühl draußen ist, so kann ich mich besser auf die Arbeit konzentrieren", „Ich habe einen schönen und gesunden Körper", „Mein Chef scheint sehr gestresst zu sein. Ich werde ihn fragen, was

ihm fehlt" – dies sind Feststellungen, die wir selbst treffen und damit unsere Wirklichkeit modellieren. Besonders in der Psychotherapie wird heutzutage mit Methoden gearbeitet, die die Denkmuster und Interpretationen von Gefühlsregungen der Patienten analysieren. Hat man ein bestimmtes Denkmuster *entlarvt*, so kann der Therapeut seinem Patienten mit neuen Impulsen dabei helfen, alltägliche Situationen anders zu erleben, zu werten und zu interpretieren. Sogar ein Mensch, der alles zum Leben Notwendige besitzt, kann dennoch Unglück empfinden, weil er in jeder Kleinigkeit Negatives und Ungerechtigkeiten lauern sieht. Greifen wir aktiv in die Halluzination unseres Gehirns ein, können wir unser Leben nachhaltig verändern, ohne die äußeren Umstände ändern zu müssen.
Ein Beispiel: Anstatt gekränkt und wütend auf den Seitensprung unseres Partners zu reagieren, könnten wir uns auch für ihn und seine neuen erotischen Abenteuer freuen. Das könnte einigen Menschen schwerfallen, da sie ihre Gefühle nicht einfach abschalten und mit dem Vertrauensbruch vielleicht nicht leben können. Würden wir uns allerdings von dem Glaubenssatz *ein Seitensprung ist ein Vertrauensbruch und kränkt mein Selbstwertgefühl* lösen, würden wir ganz anders mit der Situation umgehen und weniger Schmerz empfinden. Die Umstrukturierung unserer Denk- und Verhaltensmuster kann unser Leben erheblich verändern.

Schon mal den Gedanken gehabt, so ein Gehirn sei ganz schön faszinierend? Tja, der Gedanke kommt von deinem Gehirn selbst. Es ist übrigens das einzige Organ, das sich seiner Existenz bewusst ist.

Eine Situation wirklich zu erleben oder nur an sie zu denken – da macht unser Gehirn kaum einen Unterschied. Wie steht's um unseren Erfolg? Effektiv Erfolg zu haben oder daran zu denken, erfolgreich zu sein, ist beinahe dasselbe! Deshalb ist es so wichtig, zu träumen und seine persönlichen Ziele zu visualisieren. Deshalb sind positive Gedanken und positive Sichtweisen so wichtig. Denn das, was wir zu uns selbst sagen, was wir vor unserem inneren Auge sehen, den Erfolg und das Glück, an die wir denken, sind unsere einzige Realität.

Gibt es eine Seele?

Die Realität besteht aus elektrischen Signalen, die von unserem Gehirn interpretiert werden. Manche Menschen bezeichnen mit der Seele den Charakter eines Menschen, seine Kerneigenschaften. Ist er intro- oder extravertiert, aggressiv oder die Ruhe selbst? Liest er lieber ein Buch oder klettert er auf Berge? Wird das Gehirn jedoch beschädigt, beispielsweise durch einen Tumor, Alzheimer oder einen kräftigen Schlag, kann es sein, dass ein ruhiger Mensch nervös wird, ein fröhlicher Mensch betrübt und ein streitsüchtiger harmoniebedürftig. Unsere Kerneigenschaften sind in unserem Kopf verankert. Nimmt unser Gehirn also Schaden, kann sich ein Mensch grundlegend ändern, und eine *gute Seele* kann plötzlich auf Krawall gebürstet sein – und umgekehrt.

Denk an die erfolgreichen Menschen in deinem Leben. Was verbindet sie? Denken sie positiv oder neigen sie zu Pessimismus? Sind sie Planer oder Macher? Brennen sie für das, was sie tun, oder arbeiten sie stoisch ihre Aufgaben ab? Finde heraus, was dich davon abhält, deine Ziele zu erreichen.

Gibt es Situationen, in denen du dir wünschst, anders zu reagieren, zu empfinden, zu denken? Finde heraus, weshalb du zum Beispiel immer genervt auf eine Bitte deines Partners reagierst, und ändere aktiv deine negativen Glaubenssätze, indem du dich selbst bei einem negativen Gedanken ertappst. Woher kommen diese Gedanken? Liegt es wirklich an deinem Partner, dass du genervt bist, oder gibt es eigentlich etwas an dir, das du dringend ändern möchtest? Formuliere Gedanken positiv, alles andere kommt von ganz allein. Es ist so banal, und doch kann es nicht oft genug gesagt werden.

Sei depressiv!

Genie und Wahnsinn liegen dicht beieinander.
Wieso wir lernen sollten, uns so richtig schön schlecht zu fühlen und depressive Stunden zu genießen.

Du hast einen miesen Tag gehabt? Du fühlst dich richtig schlecht, unmotiviert und deprimiert? Glückwunsch! Es ist sehr wichtig, sich ab und zu so zu fühlen. Wieso? Das möchte ich dir anhand des folgenden Gedichts von J.W. von Goethe zeigen:

Freudvoll
Und leidvoll
Gedankenvoll sein,
Langen
Und bangen
In schwebender Pein,
Himmelhoch jauchzend,
Zum Tode betrübt;
Glücklich allein
Ist die Seele, die liebt.

– J. W. von Goethe

In dem Gedicht *Freudvoll und leidvoll* geht es um die Labilität des menschlichen Gemüts. Dem Zustand des Glücks liegt kein anderes Gefühl zugrunde als das der Angst, die Verursacher für diverse Spannungen sein kann. Mal überglücklich, mal lebensmüde – beschreibt Goethe vielleicht den Gemütszustand einer Person mit einer bipolaren Persönlichkeitsstörung? Bei Goethe ist die Angst mitunter eine Furcht um die Liebe und eine Unsicherheit. Nur wenn die Liebe gefährdet ist, dann wird die Vergänglichkeit des glücklichen Moments offensichtlich. Das heißt, wer sich besonders glücklich fühlen möchte, muss auch das Gefühl der absoluten Leere und den Schmerz der Melancholie erfahren.

Eine Emotion, egal ob glücklich oder traurig, ist ein Konzept

Die dunklen Momente zuzulassen, sie zu erfühlen und auszuleben, führt nicht nur zu einem noch schöneren Hochgefühl nach der Erfahrung, es bringt auch echte Talente, Raffinesse und Genialität ans Tageslicht.
Negative Erfahrungen und Gefühle sind genauso wichtig wie positive. Sie gehören zu uns wie Schwarz zu Weiß und Yin zu Yang. Negative Regungen zu unterdrücken, bedeutet gleichzeitig ein Untergraben der positiven Emotionen (dazu später mehr). Freude und Liebe sind ohne ihre schwarzen Gegenspieler Trübsal und Trauer nicht dieselben.

Sieh's doch einfach positiv!

Immer wieder ist die Rede von *Sieh's doch einfach positiv* oder *Denk einfach nicht mehr darüber nach*! Wir nutzen diverse Mittelchen, Pillen und Ablenkungsmanöver als Schutzschild, um negative Gefühle von uns abzuhalten. Warum? Was genau ist denn eigentlich eine negative Emotion? Wie definieren wir den Schmerz? Und wäre es nicht toll, wenn wir lernen könnten, besser mit dem Schmerz umzugehen und ihn in ein schönes, tiefes Gefühl umzuwandeln?

Eine Emotion ist zunächst ein vom Menschen konstruiertes Konzept. Sehen wir hängende, feuchte Augen in Kombination mit einer zittrigen Oberlippe, können wir daraus schließen, dass unser Gegenüber traurig ist. Hebt er hingegen beide Mundwinkel an, zeigt seine Zähne und kneift die Augen zusammen, dann packen wir ihn automatisch in die Schublade *Glücklich*. Hormonausschüttung, körperliche Regungen und Mimik – der Zaubertrank der Gefühle ist gebraut. Erfahren wir negative Emotionen wie bei einer Depression, fehlt es uns an Energie und Antrieb. Leidet ein Mensch unter Traurigkeit, liegt das daran, dass seine Amygdala und sein Hippocampus einander kräftig küssen. Die Amygdala ist ein Zentrum der Gefühle, vor allem von Angst und Stress. Der Hippocampus wird häufig mit der Speicherung von Erinnerungen assoziiert. Bei einer EEG-Studie mit 21 Probanden hat man herausgefunden, dass die gemeinsame Aktivität von Amygdala und Hippocampus besonders stark war, wenn sich der Proband betrübt fühlte. Ob er traurig war wegen der Verbindung der beiden Hirnareale, oder ob die Traurigkeit selbst diese Verbindung ausgelöst hatte, weiß man noch nicht.[4] Das ist wie bei der verflixten Frage nach dem Huhn und dem Ei.

Die Auseinandersetzung mit sich selbst und dem Problem ist der Schlüssel zum Erfolg: tief in sich hineinzuspüren, den Schmerz zu lokalisieren und zu definieren – ihn zuzulassen. Wann hat er angefangen? Wann war ich zum letzten Mal so richtig glücklich? Was hat sich dann verändert? Und wie kann ich die Situation ändern? Allein das Nachdenken an sich ist schon ein großer Schritt in Richtung Erleichterung. Allerdings sollte man nur so lange nachdenken, bis man einen Auslöser gefunden hat und an ihm arbeiten kann. Wer sich nämlich dauernd in sein Elend stürzt, gewöhnt sich an die schlechten Gefühle und kommt aus seinem negativen Gedankenkarussell womöglich gar nicht mehr heraus. Dann hilft nur eines: Ablenkung. Wer sich ablenkt, indem er Sport macht oder sich auf eine Aufgabe konzentriert, kann nicht gleichzeitig seinem Gefühlsleben Aufmerksamkeit schenken und wird demzufolge in dem Moment keine negativen Emotionen wahrnehmen.

Tiefe Traurigkeit kann zu gewaltiger Kreativität führen

Es gibt auch Fälle, in denen ist eine Besserung gar nicht ratsam. Der erfolgreiche Komponist, der während seines Liebeskummers ein weltberühmtes Klavierstück schreibt, der depressive Maler, der seine Malereien für mehrere Millionen Euro verkauft, der todkranke Poet, der von morgens bis abends in seinem Bett ein Meisterwerk nach dem nächsten dichtet – ist es für sie überhaupt ratsam, glücklicher zu werden? Jein! Denn tiefe Traurigkeit, Sehnsucht und Einsamkeit können in manchen Fällen zu gewaltiger Kreativität führen. In einer schwedischen Studie aus dem Jahr 2011 wurde anhand von 300 000 psychisch Erkrankten erforscht, ob sie häufiger kreative Berufe ausübten als mental gesunde Menschen. Diejenigen, denen eine Depression oder auch Schizophrenie diagnostiziert wurde, gingen in keinem auffälligen Maße einem kreativen Beruf wie zum Beispiel dem eines Malers oder Musikers nach. Wer selbst mal unter Stimmungsschwankungen oder depressiven Verstimmungen gelitten hat, den sollte das nicht wundern. In einem seelischen Tief verliert man schnell die Lust an allem Weltlichen, und die lebensbejahende Kreativität hat keine Chance, sich durchzusetzen. Man fand jedoch heraus, dass Patienten mit einer bipolaren Störung signifikant häufiger künstlerisch tätig waren.[5] So schuf auch der geniale, psychisch instabile Robert Schumann zu Lebzeiten während einer manischen Hochphase seine bedeutendsten Kompositionen und brachte in seinen melancholischen Momenten nichts zu Papier. Genie und

Wahnsinn liegen also dicht beieinander. Besonders kreativ und genial ist derjenige, der die Extreme durchlebt. Himmelhoch jauchzend – zu Tode betrübt. Das gesamte Spektrum macht unser Leben spannend.

Denk an deine kreativsten Phasen. In welchem emotionalen Zustand hast du dich befunden? Wenn du traurig warst, hast du dann deine Probleme reflektiert oder sie verdrängt? Probiere es aus und lass dich ganz bewusst mutig in deine nächste negative Gefühlslage hineinfallen und durchforste dabei deine Gedanken. Woran denkst du, was genau tut weh? Mach dir dazu ein paar Notizen. Wenn du lernen möchtest, deine Stimmungen besser zu deuten, dann konzentriere dich für ein paar Minuten morgens nach dem Aufwachen und abends vor dem Einschlafen auf dein Inneres. Diese Übung ist sehr hilfreich für mehr Achtsamkeit und Selbstliebe in deinem Leben.

Sei keine Maschine!

Warum Gehirne besser sind als Computer

> We are slower, we are irrational and we are imperfect.
> That's why we understand the world instead of analyzing it.
>
> – Henning Beck, Neurowissenschaftler

Der Mensch ist heute Allrounder und seltener ein Spezialist. Ein Arzt beispielsweise kann neben seinem medizinischen Wissen vermutlich auch noch Autofahren, Schach spielen, kochen, ein Smartphone bedienen, komplexe Sachverhalte lösen, Frauen die Tür aufhalten und Regale anschrauben. Er ist nicht nur ein intelligenter Mediziner, er ist auch noch Allrounder, weil es heutzutage nicht mehr ausreicht, nur auf einem einzigen Gebiet Experte zu sein.

Werden wir somit immer intelligenter?

Hier kommt der Knackpunkt. Wir werden gerade peu à peu von Maschinen abgelöst, die für uns das Denken übernehmen. Man muss schließlich keine Fremdsprache erlernen, wenn es Programme gibt, die uns einen gewünschten deutschen Satz simultan ins Mandarin übersetzen. Vielleicht sind wir bereits mit der Technisierung an einem Scheitelpunkt der Intelligenz angelangt. Außerdem wandelt die Technik unser Leben so rasant, dass wir gar nicht mehr wissen, ob wir die Veränderungen überhaupt gut oder schlecht finden sollen. Dank der medialen Dauerbeschallung sind unsere Gehirne häufig nur noch so aufnahmefähig wie ein Model nach drei extra großen Dönertellern: nämlich gar nicht. Aber was unterscheidet unser Gehirn überhaupt noch von einer Maschine? Sind uns die Maschinen nicht längst in Effizienz und Genauigkeit voraus? Der entscheidende Unterschied zwischen uns und einem Computer ist die Art und Weise, wie wir denken.

Gehirnzellen sind wie ein Orchester

Hast du dich noch nie gefragt, was eigentlich ein Gedanke ist oder wie eine Idee entsteht? Bei einem Computer ist es so, dass er Input beziehungsweise eine Information von außerhalb bekommt, diese verarbeitet und dann ein Ergebnis hervorbringt. Er schafft bis zu 3,4 Billionen Arbeitsschritte pro Sekunde – für unsereins, deren Gehirne maximal 500 Prozesse pro Sekunde abspielen können, unvorstellbar. Dabei macht ein Computer so gut wie niemals Fehler, was man von Menschen nicht behaupten kann. Eine einzelne Gehirnzelle ist übrigens an sich nicht besonders intelligent.
Stell dir ein Orchester vor mit Geigen, Trompeten, Posaunen und Celli. Beim bloßen Anblick der Spieler haben wir noch keine Ahnung, welches Lied sie spielen werden. Erst wenn alle gemeinsam loslegen, erkennen wir die Melodie. So verhält es sich

auch mit unseren Gehirnzellen. Eine einzelne schafft es nicht, eine grandiose Idee hervorzubringen. Es ist die Kombination, das Zusammenwirken vieler Neuronen, die einen Gedanken erzeugen. Im Unterschied zum Computer, der immer in denselben drei Arbeitsschritten – Input-Verarbeitung-Output – arbeitet, ist bei unserem Gehirn der Schritt der Prozessierung des Inputs der Gedanke selbst. Wenn viele Gehirnzellen miteinander interagieren, dann entsteht ein Gedanke beziehungsweise eine Idee.

Siebzig Prozent der Menschen, die auf gute Ideen kommen, bekommen diese unter der Dusche, beim Joggen oder Einkaufen

Ein Computer kann lernen. Wale, Antilopen und Hunde können lernen, aber der Mensch ist in der Lage *zu verstehen*. Man kann etwas lernen und wieder verlernen, aber man kann niemals etwas verstehen und es dann nicht mehr verstehen. „Wir sind langsamer, irrational und unperfekt im Gegensatz zu einer Maschine. Aber das ist der Grund, weshalb wir die Welt verstehen und sie nicht analysieren", so der Neurowissenschaftler Henning Beck 2016 während seines TED Talks in Leipzig. Um so menschlich genial wie möglich zu bleiben, rät er dazu, ab und zu mal einen Schritt zurückzutreten und seinen Gedanken freien Lauf zu lassen. „Siebzig Prozent der Menschen, die auf gute Ideen kommen, bekommen diese unter der Dusche, beim Joggen oder Einkaufen", sagt Beck.
Außerdem empfiehlt er, aus dem Kreislauf der Algorithmen auszutreten, um den Horizont zu erweitern. Wir sind umgeben von Menschen mit derselben Meinung wie der unseren. Wir bekommen auf Facebook immer wieder Werbung angezeigt, für das, was wir als Letztes gekauft haben, und uns werden immer wieder dieselben Urlaubsorte angezeigt. Algorithmen nehmen uns stillschweigend unsere Menschlichkeit. Sie übernehmen für uns das Denken, entziehen uns jedweder Kreativität und

verbauen uns sogar die Fähigkeit mitzufühlen. Sie konstruieren kleine menschliche Maschinen. Doch Maschinen wollen wir nicht sein. Wir nehmen ihre positiven Attribute, die uns den Alltag vereinfachen, dankbar an, aber mehr wollen wir nicht. Unterhalte dich deshalb bewusst mit Menschen, die eine andere Meinung vertreten als du, argumentiere und diskutiere mit ihnen und provoziere dich selbst.

Dein Gehirn ist ein erstaunliches, einmaliges Organ. Halte es durch Gehirntraining bei Laune und nutze deine Kreativität. In Sachen Kreativität sind wir der Technik noch weit voraus. Beweg dich aus deiner Komfortzone und lies Artikel von Menschen, die anderer Meinung sind als du. Sprich mit einem Fremden auf der Straße, einem Kleinkind, einem Kriegsveteranen, einem Flüchtling, einem Rechtsradikalen, einem Börsenmakler, einem Model und einer Putzfrau. Erweitere deinen Horizont und scheue nicht davor zurück, zu diskutieren, zu argumentieren und dich selbst zu provozieren mit neuen Gedanken und Ansichten.

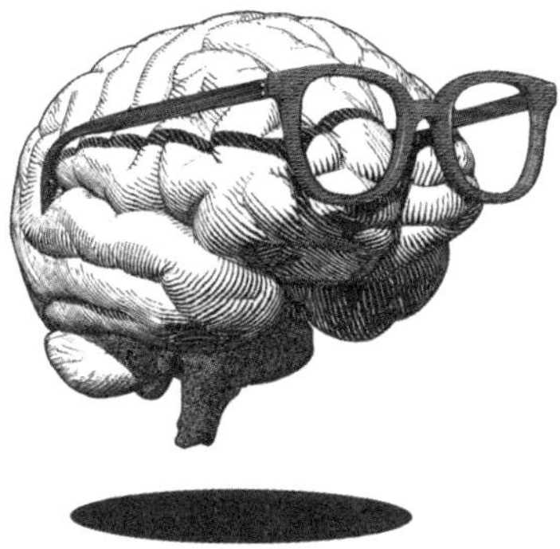

2. ALLTAG VERSTEHEN

Gönn dir was!

Das Geheimnis eines langen Lebens und was Schokolade zum Frühstück mit dem Altern zu tun hat

> Was, wenn dein Alter nicht in Jahren gezählt würde, sondern in Momenten, in denen du es genossen hast?
>
> – Heike Faller

Wie führe ich ein langes, gesundes und erfolgreiches Leben? Das Rauchen aufgeben und Fastfood von meinem Speiseplan streichen? Pustekuchen! Die Generation 100 plus lehrt uns, dass das hohe Alter viel mehr mit Genießen und Entspannung zu tun hat, als wir bisher dachten.

Vorreiter auf dem Genießerweg in ein Leben jenseits der einhundert Jahre sind die Japaner. Ikigai, so lautet die Lebenskunst, nach der viele Inselbewohner ein langes Leben führen. Der Begriff Ikigai bedeutet so viel wie der *Sinn des Lebens* – der Grund, weshalb man morgens aufsteht, oder auch die Kunst, zu altern und dennoch jung zu bleiben. Laut Ikigai gibt es für jeden Menschen eine Bestimmung, weshalb er auf der Erde weilt. Um diese Bestimmung zu finden, sollte man sich folgende Fragen stellen:

Was fehlt der Welt? Was liebe ich? Worin bin ich gut? Wofür könnte man mich bezahlen?

Es klingt recht simpel, und doch ist es erstaunlich, dass man anhand dieser Fragen seine persönliche Berufung finden kann. Hat man sie gefunden, sollte man niemals aufhören, sie auszuüben, denn so etwas wie Ruhestand ist den Japanern ein Fremdwort. Auch im hohen Alter stehen sie morgens früh auf und verrichten ihre Arbeit. Sehr häufig ist diese körperlicher Natur. So bleiben sie fit, bewegen sich viel, leben in Gemeinschaft und pflegen Freundschaften.

Sie essen auch immer nur so viel, dass ihr Magen zu achtzig Prozent gefüllt ist, und trinken kaum Alkohol. Entspannt bleiben und Stress vermeiden, lautet ihre Devise. Vor allem aber sollte man sich selbst jeden Tag etwas Gutes tun und so den Tag mit seiner Lieblingsspeise beginnen. Deshalb starten viele Japaner angeblich mit einem Stück Schokolade in ihren Tag – weil sie die eben am liebsten mögen. In meinem Fall gibt es morgens manchmal Spinatknödel mit Parmesan. Wieso sollte man auch langweilige, kalorienarme Reiswaffeln essen, wenn man köstliche Spinatknödel oder Schokolade haben kann?

Jeanne Calmant starb 1997 im Alter von 122 Jahren und wurde somit die bisher älteste Frau der Welt. Die Französin hielt sich ihr Leben lang fit und hörte erst im stolzen Alter von 120 mit dem Rauchen auf. Sie sah schlecht, hörte wenig und konnte kaum noch etwas riechen. „Es ist alles in Ordnung“, verkündete die gelassene Optimistin an ihrem 120. Geburtstag.

Das Gehirn braucht stets neue Aufgaben

Was fehlt uns außer Schokolade oder Spinatknödel am Morgen noch für ein besonders langes Leben? Die Antwort finden wir auf der kleinen Insel Okinawa, Japan, wo die ältesten Menschen der Welt leben. Ihr Geheimnis für ein langes, glückliches Leben? Nicht nur den Körper, sondern auch den Geist stets auf Trab halten. Die tägliche moderate Bewegung beim Fahrradfahren oder Spazierengehen hält die Japaner körperlich agil und wird durch Denksport, Neugier und Kommunikation mit anderen Menschen ergänzt. Das Gehirn braucht stets neue Informationen und Aufgaben, um sich zu revitalisieren und neue Synapsenschlüsse zu produzieren. Das funktioniert besonders gut, wenn man Stress vermeidet. Auf das Klingeln unseres

Handys beispielsweise reagiert unser Gehirn genauso wie auf die Bedrohung durch ein Raubtier. Mit Stress pur! Cortisol und Adrenalin-Ausschüttung sind hier garantiert. Wir begeben uns in Habachtstellung – und das den ganzen Tag, sofern wir unser Telefon in unmittelbarer Nähe bei uns tragen. Die Japaner schwören stattdessen auf Meditation, Yoga und kleine Pausen im Alltag, sie versinken in die Lektüre eines guten Buchs und lassen ihr Handy einfach ausgeschaltet.

Tipp für ein geistiges Sportprogramm: Mach Musik! Die Prozesse, die sich im Kopf eines Musikers beim Musizieren abspielen, sind gegenüber allen anderen Tätigkeiten, die ein Mensch ausführen könnte, einzigartig. Neurowissenschaftler sprechen bei diesen Prozessen von Aktivitäten in Hirnarealen, die man während einer Magnetresonanztomografie (MRT) sehen kann. Entscheidend ist hier die Veränderung der Aktivitäten, die Aufschluss darüber geben, welche Bereiche gerade besonders aktiv sind. Im Ruhezustand, wenn wir gerade an „nichts“ denken oder uns unseren Tagträumen hingeben, ist das sogenannte Default Mode Netzwerk aktiv. Es fährt seine Aktivität herunter, sobald wir uns konzentrieren. Dafür feuern die Neuronen in einer Konzentrationsphase in anderen Arealen des Gehirns. Bei einem Musiker sieht ein MRT-Scan aus wie ein Feuerwerk: In etlichen Bereichen des Gehirns feuern die Neuronen wie wild drauflos. Musizieren gleicht einem Ganzkörper Work-out und ist Balsam für unsere Neuronen. Das Multitasking, das wir beim Musikmachen erlernen, lässt sich auch auf andere Lebensbereiche übertragen, denn es vergrößert das Volumen und die Aktivität im Corpus callosum. Das Corpus callosum verbindet beide Gehirnhälften miteinander, und die gesteigerte Aktivität der Nervenzellen sorgt für einen rasanten Informationsfluss von einer Gehirnhälfte zur anderen. Musiker sind auch dafür bekannt, dadurch schneller

Problemlösungen zu finden und emotional einfühlsame Menschen zu sein.[6] Was sagt uns das? Willst du ein erfolgreiches Köpfchen werden, dann versuch's doch mal mit Musik.

Gönn dir etwas Gutes, jeden Tag! Beginne den Tag frühmorgens mit einem schönen Ritual, zum Beispiel mit einer kurzen Liste mit Dingen, für die du dankbar bist, oder mache Yoga. Iss deine Leibspeise (und lass den Diätjoghurt einfach im Kühlfach stehen). Versuche dein Glück in einer moderaten, gesunden Lebensweise zu finden. Gönne dir Auszeiten, tausche Power-Work-outs gegen ruhige Wanderungen aus und lebe bewusst nach deinem persönlichen Ikigai. Tu das, was dein Leben mit Sinn erfüllt, egal, was das sein mag. Nimm dir ein paar Minuten Zeit und beantworte die vier Ikigai-Fragen weiter oben im Kapitel. Vielleicht erfährst du schon heute mehr über den Sinn deines Lebens!

Du sollst nicht müssen!

Weshalb man seine Neujahrsvorsätze nie einhält – und warum man das auch gar nicht muss

> Es sind nicht die Erfolge, aus denen man lernt, sondern die Fiaskos!
>
> – Coco Chanel

Es ist erst der 6. Januar, und schon habe ich mit der Hälfte meiner guten Vorsätze gebrochen. Zumindest wirft mir die leere Schokoladenverpackung auf dem Sofa vorwurfsvolle Blicke zu, und das unangetastete neue Paar Joggingschuhe in meinem Schrank macht die Sache auch nicht besser. Wenn du in kurzer Zeit sehr frustriert und schlecht gelaunt sein willst, dann mach dir gute Neujahrsvorsätze. Weniger saufen, dafür mehr laufen und natürlich weniger unnützes Zeug kaufen. Die tollen Ideen gehen in den allermeisten Fällen nach hinten los. Im Januar können sich die Fitnessstudios vor neuer Kundschaft kaum retten, und bereits im Februar herrscht dort wieder gähnende Leere. Wo liegt das Problem? Wieso können wir unsere Vorsätze nicht in die Tat umsetzen, obwohl wir das doch so sehr wollen?

Tja, weil wir es eben in den Tiefen unseres Herzens doch nicht wollen. Wenn ich nämlich wirklich Sport machen will, dann mache ich das einfach und warte nicht, bis ein neues Jahr begonnen hat. Wenn ich ehrlich davon überzeugt bin, dass Schokolade schlecht für mich und meine Figur ist, dann höre ich auf, in rauen Mengen Schokolade zu futtern. Wenn ich merke, dass verkatert auf der Couch herumlümmeln keine sinnvolle Beschäftigung ist, dann trinke ich vermutlich weniger Alkohol. So einfach ist das. Wenn man das einmal verstanden hat, wird das Leben ungemein schöner und entspannter. In einer Studie der Scranton Universität[7] fanden Forscher heraus, dass klägliche 19 Prozent der Befragten ihre Neujahrsvorsätze erfolgreich und dauerhaft durchsetzen konnten. Die Vermutung liegt nahe, dass die meisten Studienteilnehmer einen schwachen Willen besaßen und ihre Vorsätze einfach nicht dauerhaft durchhalten konnten. Die Psychotherapeutin Amy Morin erklärt in *Psychology Today*, weshalb das Scheitern der guten Vorsätze weniger mit der Willenskraft eines Menschen zu tun hat als mit dem Datum selbst: dem ersten Januar.

Die anderen finden mich zu dick

Ein Mensch, der seine grundlegenden Gewohnheiten wie die Zigarette zum Morgencafé oder das Fernbleiben der Muckibude wirklich ändern will, muss zwar den festen Willen haben, sich zu ändern, aber wie häufig kommt es vor, dass die Erkenntnis, der Aha-Effekt, der *Ich-muss-jetzt-wirklich-etwas-an-mir-ändern-Moment* zufällig auf den ersten Januar fällt? Morin empfängt nicht selten Patienten, die von ihren Familien oder

Freunden geschickt wurden, selbst aber wenig Interesse an einer Therapie haben. „Die anderen finden mich zu dick, deshalb sollte ich ab dem nächsten Jahr weniger Chips essen und öfter Fahrradfahren." Kommt dir dieser Vorsatz bekannt vor? Er wird vermutlich ebenso den Bach runtergehen wie alle anderen Vorsätze, die nicht deine eigenen waren.

Die drei Säulen des Scheiterns

Häufig liegt es aber nicht an einem schwachen Willen, dass wir unsere Vorsätze wie beispielsweise eine Diät nicht einhalten. Eine Diät ist auf gleich drei Ebenen zum Scheitern verurteilt: Hormonelle Veränderungen führen dazu, dass man mehr Hunger als sonst hat und und sich dementsprechend mehr anstatt weniger Kalorien zuführt. Metabolisch gesehen, führt eine erzwungene Kalorienreduzierung zu einem Notstand im Körper, weshalb wir weniger effektiv Kalorien verbrennen und um jedes einzelne Gramm Bauchfett kämpfen. Die dritte und wichtigste Säule ist die neurologische. Durch die Diät programmieren wir unseren Kopf darauf, sich besonders stark auf Essen zu konzentrieren. Wir sagen zwar „Das darf ich jetzt nicht essen", aber leider kennt unser Gehirn das Wort *nicht* nicht und fokussiert sich nun umso mehr auf leckere Nahrung. Oder woran denkst du, wenn ich dir sage: Denk jetzt nicht an eine rosa Katze?
Diese drei Säulen führen dazu, dass eine Diät beziehungsweise ein Vorsatz unmöglich einzuhalten ist, man ja sogar den gegenteiligen Effekt erzielt und an Gewicht zunimmt oder den Vorsatz schlichtweg nicht einhält.

Der britische Psychologe Cliff Arnall errechnete mithilfe einer komplexen Formel und unter Befragung von mehreren hundert Studienteilnehmern den unglücklichsten Tag des Jahres. Der Nach-Weihnachtsfrust, die kalten Temperaturen,

die Dunkelheit, die Rückkehr zur Arbeit nach den Weihnachtsferien und das Nicht-Einhalten der guten Neujahrsvorsätze kollidieren seiner Ansicht nach jedes Jahr am 23. Januar – eine Chance, an dem Tag eine riesige Party zu schmeißen und das Leben zu feiern.

Aber hey, wir sitzen mit den scheiternden Neujahrsvorsätzen wenigstens alle im selben Boot. Alle Jahre wieder glauben wir ganz fest daran, dass wir etwas in unserem Leben ab dem 1. Januar ändern können. Wir wälzen das Problem von uns ab, indem wir sagen: Die letzten 25 Tage mit der Morgenzigarette genieße ich noch in vollen Zügen, dann ist Neujahr und damit endgültig Schluss mit dem Rauchen.
Schöne Idee, funktioniert nur so gut wie nie. Ich habe mir stets vorgenommen, häufiger joggen zu gehen – und habe es nie getan.

Nimm dir nichts vor

Es muss doch möglich sein, Vorsätze dennoch in die Tat umzusetzen. Die gute Nachricht: Es gibt eine ganz einfache Lösung. Nimm dir nichts mehr vor, sondern tue es einfach dann, wenn es sich richtig anfühlt. Als ich mich von allen Vorsätzen löste, merkte ich, dass ich regelmäßig Lust verspürte, laufen zu gehen. Diese Lust konnte ich erst wahrnehmen, nachdem ich mich von dem Neujahrsvorsatzdruck befreit hatte. Joggen ist natürlich nicht jedermanns Sache. Vielleicht gehst du lieber in die Berge oder schwimmen? Horche in dich hinein und finde heraus, worauf du wirklich Lust hast. Du wirst erstaunt sein, was dein Körper dir zu sagen hat!
Ich verzichte immer öfter auf den Nachtisch, weil ich weiß, dass zu viel Zucker ungesund ist. Aber manchmal esse ich ein Stück Kuchen oder Schokolade, wenn ich so richtige Lust auf etwas Süßes habe. Das genieße ich dann ohne Reue, genauso wie mein Leben, in dem es keine Zwänge oder Einschränkungen

mehr gibt. Ab und zu trinke ich, ab und zu rauche ich, und manchmal lasse ich meine Arbeit Arbeit sein und liege einfach nur faul auf der Couch – und das fühlt sich dann fantastisch an.

Starte am 1. Januar absichtlich mit Vorsätzen, die du ganz einfach einhalten kannst, wie zum Beispiel, dir mehr Zeit für dich selbst zu nehmen, deine Mahlzeiten intensiver wahrzunehmen und das Jahr über Spaß zu haben. Verbiete dir nichts, was dir Spaß macht (außer, du bist ein Psychopath und es bereitet dir Freude, Menschen zu quälen)! Erlaube dir, auch mal nichts zu tun, und genieße das Faulenzen. Höre nicht auf die Meinung anderer, sondern auf deine eigenen, inneren Bedürfnisse. Wenn du dich in deinem Körper wohl und genau richtig fühlst, warum solltest du dann eine Diät am 1. Januar anfangen?

Selbstoptimierung? Nein, danke!

Wieso uns der ständige Drang nach Optimierung unglücklich macht

Warum das dauernde Gefühl, nicht zu genügen,
nicht genug vom Leben abzukriegen, zu wenig dabei zu sein,
zu wenig man selbst, verwirklicht und wahrgenommen?
Warum gilt heute schon als kultiviert, wer über
die Konsistenz der Crema eines Espresso Bescheid weiß?
Warum werden die To-do-Listen länger und die Plaudereien
kürzer? Und warum erzählen einem junge Menschen immer
nur, was sie später mal werden wollen, und nie,
was sie erlebt haben?

– Tobias Haberl

Ausbildung oder Studium? Macha- oder Soja-Latte? Weltreise oder Eigentumswohnung? Heute erleben wir eine Fülle an Auswahlmöglichkeiten in jeglicher Lebenslage, die man sich vor ein paar Jahrzehnten nur hätte erträumen können.

In ihrer Masse erdrücken sie uns nur leider mehr, als dass sie uns beflügeln. Du kennst das Phänomen bestimmt auch: Du gehst in den Supermarkt und möchtest einfach nur ein Glas Honig kaufen. Du stehst vor dem Regal und kannst dich auf einmal nicht entscheiden. Es gibt Honig in großen sowie in kleinen Gläsern, teuren und günstigen, regionalen und überregionalen, in Braun und in Weiß, von dieser und von jener Blüte. Wie soll man sich da nur entscheiden? Oft verlasse ich frustriert den Supermarkt, ohne überhaupt etwas gekauft zu haben, oder ich kaufe etwas und denke den ganzen Tag darüber nach, ob ich die richtige Wahl getroffen habe.

Selbstoptimierung ist *der* Trend der Millenials

Nie haben wir den Kopf frei. Ständig denken wir an die vielen Möglichkeiten, die wir haben, und daran, womöglich die falsche Entscheidung getroffen zu haben. Spanienurlaub oder mit dem Wohnmobil nach Norddeutschland? Hotel oder Apartment mit Garten? Letztendlich rauben uns die Möglichkeiten nur Zeit und Spontaneität, wodurch wir uns selbst einschränken. Das Resultat ist ein Kontroll- und Perfektionszwang, der uns nicht guttut.
Das Leben vieler junger Menschen lässt kaum Raum für spontane Begegnungen oder Veränderungen. Spontaneität, Witz, Überraschung und Leidenschaft, die das Leben so verführerisch und lebenswert machen, bleiben auf der Strecke. Selbstoptimierung ist der neue Trend der Millennials, der 2000er-Generation. Aber ist Selbstoptimierung überhaupt schlecht? Es hat doch viel Gutes, an sich selbst zu arbeiten, oder etwa nicht?

Wir versuchen das hohe Tempo der digitalen Welt in der analogen zu halten

An sich selbst zu arbeiten, disziplinierter zu werden, wenn man vorher nicht vor Mittag aus dem Bett gekommen ist, zuverlässiger zu werden, weil man immer der ist, der als Letzter zu einem Treffen erscheint, ist wichtig. Oftmals kippt der Wunsch des besseren Ichs aber in eine Sucht. Wenn ich eine Stunde Sport am Tag machen kann, dann kann ich auch zwei Stunden daraus machen. Hält man seinen Vorsatz nicht ein, ist man schnell enttäuscht und fordert gleich noch mehr von sich, um sein Fehlverhalten zu kompensieren. In unserer heutigen Welt verspüren viele Menschen Kontrollverlust aufgrund der vielen Möglichkeiten und Entscheidungen. Ausbildung oder Studium? Kinder oder lieber keine? Manchmal fällt es uns schwer, wohlüberlegte Entscheidungen zu treffen, und unser Leben scheint uns aus der Hand zu gleiten. Was wir aber kontrollieren können, das sind wir selbst, unser Ess-, Sport- und Lernverhalten. Wir setzen uns immer wieder neue persönliche Ziele, um in dieser stressigen Welt beschäftigt zu bleiben. Das hohe Tempo, das die digitale Welt vorgibt, versuchen wir in der analogen zu halten. Eine Nachricht wird nicht mehr per Brieftaube oder Post verschickt, sondern durch einen Mausklick am PC. Schneller, besser, höher, weiter. Der Wunsch, sich stets zu verbessern, impliziert, dass man mit sich selbst nicht zufrieden ist. Die Voraussetzung für Glück ist jedoch Selbstgenügsamkeit. Ein Zustand, der niemals eintritt, wenn man immer neuen Idealen hinterherhechtet.

Multitasking ist der neue Normalzustand. Sonst bräuchte man doppelt so viel Lebenszeit, um den Ansprüchen des Alltags gerecht zu werden.

Eine Selbstoptimierungsstörung findet man häufig bei Frauen, die ihren Körper perfektionieren wollen und deshalb nur noch kohlenhydratlos essen und von Fitnessstudio zu Fitnessstudio eilen. Bei den sapio-fixierten Menschen steht das Lernen im Fokus, das dem Binge-eating in Form von Binge-learning gleichkommt. Ein weiteres Musikinstrument spielen, ein neues Land entdecken, jedes Wochenende auf eine Fortbildung.

Die vielen Bücher, die man ja lesen muss, weil es Klassiker sind, schafft man nur noch, weil man mit Affenzahn jede zweite Zeile überspringt. Multitasking ist der neue Normalzustand, denn sonst bräuchte man doppelt so viel Lebenszeit, um den Ansprüchen des Alltags gerecht zu werden. Gearbeitet werden schon lange nicht mehr die abgerechneten vierzig Stunden pro Woche, sondern gut ein Drittel mehr. Die Zeit, die man sich mit den Überstunden verdient hat, wird im nächsten Pauschalurlaub in der Türkei bei dem fünften Tequila Sunrise in dumpfem Wohlgefallen ertränkt. Zu Hause geht dann der ganze Stress von vorne los, mit dem einzigen Unterschied, dass man dieses unterschwellige Gefühl nicht loswird, im Urlaub wahnsinnig unproduktiv gewesen zu sein. *Ich hätte doch noch mehr aus meiner Freizeit machen können, besser essen und mehr lesen können.* Das schlechte Gewissen holt uns auf der Überholspur ein und verdonnert uns zu noch mehr Fleiß. Irgendwann hat man dann mühsam seine tägliche To-do-Liste abgehakt und fällt frustriert ins Bett, weil man alles natürlich noch besser und schneller hätte erledigen können. Fühlt sich so ein glückliches, erfolgreiches Leben an?
Seien wir ehrlich, der ganze Stress macht uns nicht glücklich. Glücklich sind diejenigen, die konzentriert bei *einer* Sache sind, die sie lieben und der sie sich vollkommen hingeben können. Den Zustand, in dem man Zeit und Raum vergisst, nennt man Flow.

Was ist ein *Flow*?

Vollständige Konzentration auf eine einzige Tätigkeit, etwa losgelöstes Tanzen oder Skispringen, versetzt uns in einen Zustand, in dem wir alles um uns herum, inklusive der Zeit, vergessen. Ebenso löst dieser Zustand in uns absolute Zufriedenheit und Glück aus.

Der Psychologe Mihály Csíkszentmihályi hat den Begriff Flow erstmals 1960 eingeführt.

Welche Neurowissenschaft verbirgt sich hinter dem Flow-Moment? Das bunte Zusammenspiel zwischen fünf speziellen Neurotransmittern ist verantwortlich für den einzigartigen menschlichen Zustand. Dopamin wird ausgeschüttet, sobald unser Flow-Moment beginnt, etwa dann, wenn die Musik zu spielen anfängt und wir uns auf die ersten Bewegungen mental vorbereiten. Es sorgt für eine verbesserte Aufmerksamkeit. Im Anschluss wird Norepinephrin durch unseren Körper gepumpt und bringt unser Herz zum Rasen. Das führt zu mehr Energie und geschärften Sinnen. Endorphine sorgen nun dafür, dass wir eventuelle Schmerzen ignorieren und uns einfach nur großartig fühlen. Für gute Laune sorgen nun Anandamide, die ähnliche Effekte im Körper erzielen wie Marihuana. Ist unser Flow-Moment beendet, wird nochmal kräftig Serotonin im Gehirn verstreut. Es sorgt für den Nachbrenneffekt und gibt uns ein gutes Gefühl für das, was wir gerade getan haben. Der Belohnungseffekt tritt ein.[9]
Gehörst du auch zu den Selbstoptimierungsjunkies? Es ist keine Schande! Vor Kurzem habe ich mich selbst dabei ertappt, wie ich mich nach drei erfolgreich abgeschlossenen Studienfächern und drei erlernten Fremdsprachen für einen Russischkurs, Gitarrenunterricht und ein Physikstudium gleichzeitig angemeldet habe. Stopp! Brauche ich das alles wirklich, um glücklich zu sein? Nein! Fünfzig Arbeitsstunden pro Woche? Kommen mir gar nicht in die Tüte! Fitnessstudio? Ich habe eher Lust auf einen ruhigen Spaziergang an der frischen Luft. Tritt bewusst öfter auf die Bremse. Niemand kann perfekt sein – und genau das ist auch gut so.

Notiere dir alles, was Teil deines Alltags ist. Dann unterstreiche die Dinge, die dir besonders wichtig sind und Spaß machen.

Hast du genug Zeit, das zu tun, was dich glücklich macht? Welche Dinge würdest du gern in deinen Alltag integrieren, beziehungsweise was würdest du gern verbannen? Mach dir eine Liste und sag öfter mal Nein zu Fitnessstudio, Sixpack, Kochkurs, Büchern und Gitarrenstunden, auf die du eigentlich keine Lust hast, und genieße, was du hast, und vor allem, wer du bist.

Dein Kopf ist kein Mülleimer!

Warum wir Realityshows so lieben und was in unserem Kopf vorgeht, wenn wir den Bachelor gerade gucken

Die Handtasche muss lebendig sein!

– Bruce Darnell

Von Mütter machen Porno über *Frauentausch* bis hin zu *Das Supertalent* liefert das Fernsehprogramm die perfekte Symbiose aus absurder Fantasiewelt und Perversion. Eigentlich möchte ich die Flimmerkiste am liebsten für immer abschalten, aber dann fiebere ich doch wieder dem nächsten Samstagabend entgegen und erwarte gespannt, was mein Lieblingssender als nächste Schandtat bereithält. Aber warum sehe ich mir eigentlich so gern Quatsch an und was genau macht mich süchtig danach?
Bunte Gestalten stöckeln in schimmerndem Glitzerfummel von einem Ende des Raumes zum anderen. Sie sehen malerisch aus, kriegen es aber in einer geschlagenen Stunde Sendezeit nicht gebacken, einen einzigen grammatikalisch korrekten Satz zu formulieren.
Beim Galoppieren durch die deutsche Fernsehlandschaft, vorbei an *The Beauty and the Nerd* und *Germanys Next Topmodel*, frage ich mich, weshalb ich mich nicht lieber kopfüber in die *Leiden des jungen Werther* stürze. *Worte: Wirbel, in die hinabzusehen mich schwindelt*[10] – danke, Herr von Hofmannsthal, Sie sagen es. Mich schwindelt nur, sobald ich durch das

Primetime-Angebot der Fernsehsender zappe. Dort kommt es mir vor, als gäbe es mittlerweile ausschließlich Trash-TV, liebevoll auch Assi-TV genannt. Ich bleibe hängen bei *Bauer sucht Frau*, einer meiner Lieblingssendungen. Mir ist bewusst, dass die meisten Gespräche inszeniert sind, aber das ist mir völlig egal. Die Illusion von einem romantischen Happy End zwischen zwei Landeiern in der Bergidylle – und ich kann das Knistern zwischen ihnen quasi hautnah miterleben. Toll!
Geistig weniger anspruchsvolle Sendungen wie Fremdscham-König *Ich bin ein Star – holt mich hier raus*, *naked attraction* (eine Datingshow, bei der sich die Teilnehmer kleiderlos kennenlernen und Geschlechtsteile bewerten dürfen) und *Deutschland sucht den Superstar*, wo schon lang nicht mehr der Gesang im Vordergrund steht, scheinen neuerdings den Grundstein für die Fernsehkultur im 21. Jahrhundert zu legen. Die Einschaltquoten schießen derart in die Höhe, dass sich die Medienbranche bestimmt eine Menge Zeug einwerfen muss, um mit der Neuinszenierung der nächsten absurden Fernsehshow hinterherzukommen. Wie wäre es, wenn wir verschuldete Ex-Prominente nach Australien schicken und sie dort Würmer essen lassen? Oder wir stecken einen Haufen junger Mädchen in ein Haus mit nur einem einzigen Mann und gucken zu, wer wem zuerst die Haare ausrupft. Super Idee! Wie kommt man darauf? Und warum schauen wir dabei so gern zu?

Fernsehshows rufen nicht zuletzt eine ganze Palette menschlicher Emotionen hervor

Wir sind eben durch und durch soziale Wesen. Zu *Promi Big Brother* äußerte sich Professor Dr. Walschburger, Spezialist für Psychologie: „Die Sendung spricht in gewisser Weise unsere uralte soziale Natur an (...) Der Mensch hat Millionen von Jahren in kleinen Sozialverbänden gelebt, in denen es wichtig war, wie man sich positioniert. Deshalb ist es durchaus spannend zu sehen, wie sich die Bewohner des ‚Big Brother'-Hauses darstellen, welche Strategien sie entwickeln, um sich bei den anderen beliebt zu machen, wie solidarisch sie untereinander sind oder eben nicht."

Man vergleicht sich permanent mit den Darstellern und fragt sich insgeheim selbst, wie man in dieser oder jener Situation reagieren würde. Schließlich hätte man bei *Wer wird Millionär?* längst die Million abgeräumt, beim *Bachelor* das Herz des jungen Mannes im Sturm erobert, und bei *Germanys Next Topmodel* hätte man sowieso jede Aufgabe mit Bravour bewältigt. Nur für *Bauer sucht Frau*, dafür wäre man sich zu schade gewesen. Da gucken wir höchstens halbherzig hin und schmunzeln innerlich, wenn Bauer Wilhelm der Herzensdame unbeholfen seine Gefühle offenbart. Sehen wir jemanden, der weniger intelligent, weniger attraktiv oder ärmer ist als wir, fühlen wir uns sofort besser in unserer Haut. Betrachten wir aber die Models, die Schönen und die Reichen, streben wir nach Schönheit und Reichtum und wollen auch so sein wie sie. Fernsehshows rufen nicht zuletzt eine ganze Palette menschlicher Emotionen hervor, die wir in unserem Alltag vielleicht zu wenig oder sogar überhaupt nicht spüren. Wir lachen, weinen, verzweifeln, wir fiebern mit, wir genieren uns für die Darsteller. Alles ist ein Spiel, denn wir sind längst keine passiven Zuschauer mehr. Es wird uns vorgegaukelt, unsere Meinung zähle und wir hätten die Macht, unseren Lieblingskandidaten eine Runde weiterkommen zu lassen, wenn wir nur für ihn oder sie anriefen. Das Gefährliche an den Shows ist, dass unser Hirn nicht zwischen Fiktion und Realität unterscheidet und das Gesehene als Realität wahrnimmt. Das ist auch der Grund, weshalb wir erschauern, wenn im Tatort jemandem der Finger abgehackt oder jemand im Horrorfilm von Monstern heimgesucht wird.

In einem Selbstversuch zweier amerikanischer Journalistinnen fand man heraus, dass sowohl die Amygdala (Emotionen, Angst, Wut) als auch das Stratium (Belohnung, Sucht) der Testpersonen während einer Folge *Bachelor* sehr aktiv waren. Die Journalistin gestand hinterher, dass die Stimme einer Kandidatin sie wütend gemacht hatte, sie aber gleichzeitig süchtig nach der Sendung wurde und gern weitergesehen hätte.

Spoil your mind

Unsere Gesellschaft läuft Gefahr, infolge der Realityshows einen Bach der Werteverschiebung hinabzugleiten. Ein makelloser Körper, eine kleine Stupsnase und das Laufen auf hochhackigen Schuhen bekommen auf einmal einen wichtigen Platz in der Wertetabelle junger Mädchen. Vielmehr brauchen wir eine Show, in der die Höflichste, Liebevollste oder Intelligenteste gewinnt. Unser reicher Wortschatz, der in etwa aus 400 000 verschiedenen deutschen Worten besteht, wird nur zu häufig auf: „Ey, geiler Arsch, Mann", „Jo Digger, was geht" oder „Der soll mal sich verpissen" reduziert.

Auf dieser Grundlage wird in vielen Realityshows Konversation betrieben. Der größte Wunsch vieler junger Mädchen ist es, einmal vor den Augen eines Supermodels den Laufsteg rauf- und runterzuwatscheln. Wenn man nicht verunsichert dreinblickt und nicht auf den unförmigen zwanzig Zentimeter hohen Absätzen umknickt, dann hat man es geschafft. Dann ist man ein richtig toller Mensch.

Es wird nicht dauerhaft glücklich machen, sein Leben nach seinem Aussehen zu bewerten und es von der Meinung anderer abhängig zu machen. Zufrieden und erfolgreich macht das Erreichen eigener, erstrebenswerter Ziele, die nicht von realitätsfernen Fernsehshows verformt sind.

TED Talks.
1984 wurde die Konferenz-Gruppe TED (Technology, Entertainment, Design) in Kalifornien gegründet. Seitdem findet jedes Jahr in Vancouver eine große Konferenz statt, auf der Wissenschaftler und auch Menschen mit besonderen Geschichten eine neuartige Idee in wenigen Minuten unterhaltsam vortragen. „Ideas worth spreading“ lautet der Leitsatz der TED-Kultur, die unter anderem durch ihre Ableger, die TEDx Community, weltweit Fuß gefasst hat. Die Sprecher werden nominiert, ihre Reden werden kostenlos auf YouTube zur Verfügung gestellt. Der deutsche Neurowissenschaftler Henning Beck erklärt zum Beispiel in knackigen 19 Minuten, was ein Gedanke ist. Kreative Ideen, Wissenschaft in a nutshell – die durchgeistigten Reden sind in ihrer Kürze alles andere als langweilig.

Gut recherchierte Dokumentationen und Reportagen können deinen Verstand beflügeln und dich in ungeahnte Richtungen denken lassen. Spoil your mind – lern die Kapazität deines Hirns besser kennen! Im Internet findest du allerhand kurzweilige TED Talks, die deinen Horizont auf unterhaltsame Weise erweitern. Science- und Poetry-Slam-Veranstaltungen gehören auch dazu. In größeren Städten kannst du sie dir auch live ansehen und die spannenden Ideen mit anderen Menschen teilen. Du schaufelst dir nicht eimerweise Schokolade in die Figur, um deinen Körper möglichst fit und schlank zu halten? Dann tu das auch mit deinem Kopf und lass immer mal wieder hochwertige Informationen hinein.

Iss keinen Müll!

Was braucht unser Kopf wirklich?

Der Weg zur Gesundheit führt durch die Küche,
nicht durch die Apotheke!

– Sebastian Kneipp

Wir essen, wenn wir gestresst sind, und aus Langeweile. Wir naschen beim Fernsehen und schlemmen auf einer Hochzeit. Essen ist omnipräsent und ein wichtiger Bestandteil unserer Kultur. Aber wir essen schon lange nicht mehr nur um zu überleben. Kochen ist eine Kunst, Tischmanieren ein soziales Kriterium, an dem man das Elternhaus deuten kann. Essen ist nicht nur lebensnotwendig, es beeinflusst auch maßgeblich unser Gefühlsleben. Was haben unsere Ernährungsgewohnheiten mit unserem Charakter zu tun und wieso fällt es uns so schwer, sie zu ändern?
Wissenschaftler vermuten, dass schlechte Laune, Depressionen und negative Gefühle enorm viel mit unserer Ernährungsweise zu tun haben. Spätestens nach dem Bestseller *Darm mit Charme* von Giulia Enders wissen wir, wie wichtig unser Darmbefinden für unsere Gesundheit ist. Sowohl Unter- als auch Übergewicht wird häufig mit Depressionen in Verbindung gebracht. Die Betroffenen versuchen, ihr seelisches Unglück mit dem Essverhalten zu kompensieren – oder sogar zu kontrollieren. Spätestens jetzt wird klar, wie eng Nahrungsaufnahme und Gefühle miteinander verwoben sind. Aber eins nach dem anderen.

Unser Körper besteht zu mehr Teilen aus Bakterien als aus menschlichen Zellen

Das muss man sich erstmal auf der Zunge zergehen lassen! Dass die Bakterien also ein Wörtchen mitzureden haben, ist verständlich. Füttern wir sie mit ungesundem Essen wie zu viel Zucker[11] und leeren Kohlenhydraten, dann vermehren sie sich und schreien beim nächsten Mal gleich nach noch mehr davon. Wenn wir die Schreihälse stattdessen mit guten und frischen Lebensmitteln beruhigen, werden wir gesund, schlank und bekommen gute Laune. Würden wir uns also alle zuckerfrei beziehungsweise zuckerarm ernähren, stünden die Chancen für ein langes, gesundes Leben ziemlich gut, zumal Zucker diverse Krankheiten begünstigt. Er fördert beispielsweise das Auftreten von Pilzen wie Scheidenpilz und lässt Krebszellen wachsen. In Form von Alkohol lässt er sogar deine Gehirnzellen langsamer werden und macht auf Dauer dick, müde und unglücklich. Lieber Finger weg von dem Zeug! Oder hast du schon mal einen Artikel darüber gelesen, wie gesund Haushaltszucker für den menschlichen Körper ist? Nein? Ich auch nicht. Dafür gibt es unendlich viele Beiträge, Bücher und Ratgeber zu dem Thema, was herkömmlicher Zucker im menschlichen Körper Böses anstellt. Haushaltszucker in größeren Mengen ist schlecht für die Gesundheit, da sind sich Wissenschaftler und mittlerweile auch die restliche Bevölkerung einig. Die einzige Abhilfe: eine Anti-Zucker-Kur, die unsere Geschmacksknospen auf Süßes sensibilisiert. Verzichten wir einige Monate auf Zucker jeglicher Art, hat das nicht nur positive Auswirkungen auf unser Gewicht. Auch unser Hautbild verbessert sich, unsere Zähne bleiben gesund, wir haben mehr Energie und verlieren Heißhungerattacken.

Das Problem: Irgendwann wird uns auf einer Geburtstagsparty ein Stück Kuchen angeboten, dem wir nicht entsagen können. Es ist oft einfach zu aufwändig, Nein zur heißen Schokolade, dem süßen Fruchtsaft oder der Geburtstagstorte zu sagen. Wir kaufen nach einem stressigen Tag Fertigprodukte, die vollgestopft sind mit Chemie und einer ganzen Menge Zucker. Am Wochenende gönnen wir uns ein paar Cocktails auf einer Grillparty, und ehe wir es uns versehen, führen wir unserem Körper wieder täglich eine Zuckerbombe nach der nächsten zu. Standhaft bleiben die wenigsten. Aber warum finden wir Zucker eigentlich so unwiderstehlich?

Apropos Müll im Kopf: Alkohol tötet Gehirnzellen? Könnte man meinen, wenn man an seinen letzten Katertag zurückdenkt. Allerdings stört der Alkohol vielmehr die Kommunikation zwischen den Nervenzellen, als dass er effektiv ein paar unserer knapp 86 bis 100 Milliarden Neuronen abtötet. Ein Fadenwurm hat übrigens im Vergleich gerade mal 302 Gehirnzellen.

Verantwortlich machen dürfen wir tatsächlich unser Gehirn, diesen kleinen Lustmolch. Es verlangt geradezu nach dem weißen Teufelszeug. Nehmen wir zuckerhaltige Lebensmittel zu uns, schießt unser Insulinspiegel in die Höhe, und wir fühlen uns für kurze Zeit absolut berauscht.
Bedenke: Zucker ist eine Droge. Er unterscheidet sich nur dahingehend von anderen Drogen, dass sein Konsum nicht verboten, sondern sogar gefördert wird, denn er dominiert die Lebensmittelindustrie. In einem herkömmlichen amerikanischen Supermarkt findet man kaum noch Produkte, die keinen Zucker enthalten. Aufgrund des massiven Glücksgefühls, das er in uns auslöst, greifen wir suchtartig natürlich immer wieder zu Süßigkeiten und Fertigpizza. Die negativen Folgen bemerken wir nur schleichend an unserem Körper.
Der Geschmack von etwas Süßem auf der Zunge wird direkt an das Gehirn weitergeleitet. Dort wird das Belohnungszentrum aktiviert, das auch in Sex, Drogen oder soziale Interaktion involviert ist. Es sagt dir dann: „Mhmm, das schmeckt toll, gib mir mehr davon!" Die Währung unseres Belohnungszentrums ist der Neurotransmitter Dopamin, der beim Essen auf natürliche Weise ausgeschüttet wird. Essen wir eine gesunde Mahlzeit, dann wird Dopamin ausgeschüttet. Essen wir immer wieder

dieselbe Mahlzeit, nimmt die Dopamin-Ausschüttung ab. Das hat zur Folge, dass wir Lust auf andere Nahrungsmittel bekommen. Dieser Vorgang ist ganz natürlich, denn so wird gewährleistet, dass wir so vielfältig wie möglich essen und alle wichtigen Nährstoffe zu uns nehmen. Essen wir allerdings Süßigkeiten, dann wird besonders viel Dopamin ausgeschüttet. Immer. Die Dopamin-Ausschüttung nimmt nicht ab, auch wenn wir immer wieder die gleiche Süßspeise essen. Das führt zu einer unausgeglichenen, einseitigen Ernährung. Die Aufnahme der relevanten Nährstoffe ist nicht mehr gegeben, und wir werden zu zuckerabhängigen, halb toten Junkies, da wir immer mehr Zucker/Dopamin brauchen, um zufrieden zu sein.[12]

Brainfood: Nüsse, Fisch, Vollkorn, Eier, Gemüse, Kaffee und dunkle Schokolade

Den Zucker, so gut es geht, aus der Ernährung zu verbannen, ist ein großer Schritt in Richtung gesundes, glückliches und erfolgreiches Leben. Was unser Gehirn nämlich vor allem braucht, sind Nüsse, Fisch, Vollkornprodukte, Eier, Gemüse, Kaffee und dunkle Schokolade. Diese Lebensmittel geben einen Konzentrationsschub allererster Sahne und helfen beim Aufbau neuer Gehirnzellen. Ich halte zeitlich begrenzte Diäten für wenig wirksam und auch krankhaften Zuckerverzicht für witzlos, denn niemand sollte ein Leben lang auf einen kleinen Nachtisch verzichten müssen (oder auf rote Paprika, denn auch die enthält verhältnismäßig viel Zucker). Man sollte sich aber im Klaren sein, weshalb man gerade Lust auf etwas Süßes verspürt (Bin ich vielleicht einfach nur schlecht gelaunt und bräuchte Bewegung an der frischen Luft?), und den Nachtisch eine Ausnahme, nicht die Regel sein lassen. Genieße dann die kleinen, süßen Momente. Das Leben ist zu kurz, um etwas zu bereuen.

Das Gehirn verbraucht circa zwanzig Prozent des Tagesbedarfs an Kalorien[13] und die Hälfte aller zur Verfügung stehenden Zuckereinheiten.

Iss mit Köpfchen. Du brauchst kein Diätbuch, denn du weißt selbst, was gut und gesund ist. Iss frische, regionale Lebensmittel und koche selbst, damit du eine Beziehung zu deinem Essen aufbauen und es wertschätzen kannst. Hast du erstmal eine Stunde in die Zubereitung der Mahlzeit gesteckt, wirst du automatisch langsamer und dankbarer essen. Lass möglichst wenig Fastfood in deinen Körper, denn er ist dein Zuhause und du brauchst ihn noch viele Jahre in bester Verfassung.

Sei eine Sieben!

Warum der Mensch nie vollkommen zufrieden ist

Man weiß selten, was Glück ist,
aber man weiß meistens, was Glück war.
– Françoise Sagan

Ist es nicht verrückt, dass unsere Buchhandlungen überquellen mit Titeln wie: *Finde das Glück, Eine Anleitung zum Glücklichsein, Was ist Glück?, So wirst du glücklich in zehn Tagen* etc., aber die wenigsten von uns wirklich richtig glücklich sind? Genauso selten sind diejenigen erfolgreich, die eine Diät machen, nachdem sie *Superschlank in vier Wochen* durchgelesen haben. Man findet eine ausschweifende Menge Literatur zum Thema Glück und Gewichtsverlust in den Regalen, weil sich fast jeder Mensch mit diesen Themen beschäftigt. Glück geht einfach nicht spurlos an uns vorbei, und wir bilden uns auch noch ein, dass uns ein Ratgeber unter vier Augen verraten kann, wie wir ein Leben lang glücklich sein können.

Wenn alle Menschen glücklich sein wollen, wieso sind dann scheinbar so wenige Menschen vollkommen zufrieden? In einer Studie der Glücksforschung (aus Mansons *Everything is fucked*, 2019) wurden Probanden gebeten, mehrmals täglich auf einer Skala von 1 bis 10 anzugeben, wie glücklich sie gerade waren und was sie in dem Moment erlebten. In der Studie bedeutete eine 1 ein geringes Gefühl von Glück und die 10 ein starkes Glücksgefühl. Das Ergebnis der Studie war eindeutig. Eine solide 7 war die subjektive Bewertung der Testpersonen in x-beliebigen Situationen im Durchschnitt. Beim Spazierengehen, Frühstücken, Duschen, im Supermarkt, beim Fernsehen, beim In-der-Nase-Bohren. Übertroffen wurde die 7 nur, wenn etwas Außergewöhnliches passierte, wie ein Gewinn im Lotto, eine Beförderung oder spontaner Beischlaf. Nur, um dann nach kurzer Zeit wieder auf die robuste und doch zufriedenstellende 7 zurückzusinken. Das Gleiche geschah mit negativen Eindrücken wie dem plötzlichen Tod eines Haustiers, Versagen im Beruf oder der Liebe. Die Glückszahl sank dann auf eine 0 bis 5 und kletterte nach Verarbeitung des Geschehnisses wieder auf die bequeme 7. Es scheint, als seien wir Menschen dazu gemacht worden, niemals komplett zufrieden oder vollkommen traurig zu sein, sondern einfach leicht überdurchschnittlich glücklich. Natürlich bilden wir uns aber ein, die 10 könnte ein Dauerzustand werden, und wir vertreten abstruse Annahmen, diesen Zustand erreichen zu können. Wir kaufen Glücksratgeber, Glücksbringer als Schlüsselanhänger oder in Form eines rosa Schweinchens mit einem Eurostück am Rücken und besuchen Glücksseminare. Wir heben Ein-Cent-Stücke von der Straße auf, um diese später in einen Glücksbrunnen zu werfen. Wir hoffen auf etwas Glückliches bei jeder Wimper, die wir verlieren. Wir wünschen unseren Mitmenschen viel Glück und trinken darauf.

Glück – das ist irgendein Zustand in der Zukunft, aber sicher nicht jetzt

Das ständige Streben nach Glück und Perfektion kann paradoxerweise unglücklich machen, denn man vergisst, im Hier und Jetzt zu leben. Zu sehr sind wir mit der Planung unserer nächsten Termine, Geburtstage und Urlaube beschäftigt. Glück – das ist irgendein Zustand in der Zukunft, aber sicher nicht jetzt. Glücklich werden vermutlich nur diejenigen, die an Glücksbringern verdienen.

Wir reden uns ein, wir müssten lediglich ein besseres Gehalt bekommen, wunderschöne Manolo Blahniks besitzen, eine größere Wohnung kaufen – dann landeten wir bestimmt auf der vor Glück speienden 10 der Glücksskala. Das tun wir dann auch, aber Achtung. Denn von dieser 10 rutschen wir genauso schnell wieder herab auf unser Mittelmaß, wie wir emporgeklettert sind. Vor allem haben wir plötzlich die Latte für eine 7 ziemlich hoch gelegt, und alles, was nicht unseren Wünschen entspricht, zieht uns auf einmal runter. Gibt es etwa keine Lösung für dieses Erste-Welt-Problem der mittelmäßigen Zufriedenheit?

Doch, wenn man lernt, sich über die kleinsten positiven Momente zu freuen, und negative Gefühle akzeptiert und verarbeitet, ohne sie verdrängen zu wollen, und man versteht, dass sie selbstverständlich zum Leben und dem Glücklichsein dazugehören. Du selbst hast es in der Hand, denn du selbst bist der Produzent dieser schönen Gefühle. Es ist nur eine Frage, wie hoch du deine Messlatte legen willst. Hat ein schöner Morgen mit einer leckeren Tasse Café und einem guten Buch bereits Potenzial, Zustand puren Glücks zu werden? Oder brauchst du mindestens einen Sechser im Lotto und eine Menge Koks, um dich richtig abartig glücklich zu fühlen?

Wir haben unser Glücksempfinden mehr in der Hand, als uns bewusst ist. Allerdings hängt unsere Gefühlswelt auch noch von unseren Grundbedürfnissen wie Essen, Schlafen, sozialer Nähe und so weiter ab. In ihrem Buch *How emotions are made* erklärt Lisa Feldman Barrett, dass man wohl kaum erwarten könne, täglich Luftsprünge zu machen und rosafarbene Glückseligkeit zu erbrechen, wenn man sich kaum bewegt, zu wenig Vitamine zu sich nimmt, zu wenig schläft und nur Müll in sich hineinstopft. Erst wenn die Grundbedürfnisse eines Menschen gedeckt sind, kann sich auch Zufriedenheit einstellen, die sonst von Gefühlen wie Hunger, Durst oder Angst stark überschattet wäre.
Die Kombination aus einem gesunden Lebensstil und unserer eigenen Glückswahrnehmung ist ausschlaggebend dafür, wie glücklich wir uns am Ende des Tages fühlen.

Nimm das Leben, wie es kommt, mit Leichtigkeit und Dankbarkeit. Sei dir bewusst, dass positive wie auch negative Gefühle und Momente zum Leben gehören und ein dauerhaftes Glücksbad weder realistisch noch gut für dich wäre. Erwarte kein Dauerhoch an Gefühlen, sondern freu dich über Kleinigkeiten im Alltag, die dein Leben schön machen. Vergiss nicht, deinen Körper und deine Psyche zu pflegen und somit deine Grundbedürfnisse zu befriedigen, denn das ist die Voraussetzung für die Empfindung von Glück.

Sei lebendig!

Warum wir Angst haben und wieso manche nicht genug davon haben können

> Es sind die Gefahren, Tragödien, Konflikte und schwarze Stunden, die dafür sorgen, dass wir uns intensiver am Leben fühlen (...).
> Inzwischen aber fühlt sich das Leben an wie eine dieser Volksmusiksendungen, falsch und manipuliert, als hinge es an einer Beatmungsmaschine, die das Leben nicht verlängert, sondern den Tod hinauszögert.
>
> – Tobias Haberl

Die Blicke von 33 Augenpaaren liegen auf dir. Stumm sehen sie dich an, erwartungsvoll, kritisch. In wenigen Sekunden wirst du deine Rede beginnen. Du spürst Feuchtigkeit in deinen Handinnenflächen, unter deinem Hemd zeichnen sich ovale Schweißflecken ab, dein Atem beschleunigt sich. Trockener Hals, Hitzewallung – am liebsten würdest du wegrennen. Du bist aufgeregt, du hast Lampenfieber.
Hast du dich schon einmal gefragt, warum wir überhaupt Lampenfieber haben? Wieso rast unser Puls, wenn wir vor den Kollegen eine kleine Präsentation vorführen oder wir eine Lobeshymne auf der Hochzeit unserer Schwester halten? Egal, ob wir unser Publikum bereits kennen oder es sich um völlig Fremde handelt, ob live oder im Fernsehen – die Mehrheit von uns ist schrecklich aufgeregt, sobald viele Augen auf uns gerichtet sind und von uns erwartet wird, dass wir etwas Sinnvolles sagen. Nie werden wir jedoch von unserem Publikum bei lebendigem Leib verbrannt. Warum haben wir also Angst?

Wir brauchen Applaus

Standen wir in der Steinzeit einer Herde beziehungsweise einer Masse von Menschen gegenüber, mussten wir zunächst davon ausgehen, dass sie uns feindlich gesinnt war. Wir fühlten uns nicht akzeptiert, nicht als Teil der Herde, standen wir doch als einzelner Mensch der Menge gegenüber. Erst wenn wir Akzeptanz erfuhren – zum Beispiel durch ein Lächeln –, konnten wir uns entspannen.
Das ist auch heute noch so. Halten wir eine Rede, brauchen wir wohlwollende Gesichter und Applaus, um uns besser in unserer Haut zu fühlen. Lampenfieber ist zwar eigentlich keine zeitgemäße Reaktion des Körpers mehr, da uns unsere Zuhörerschaft während einer Rede in seltensten Fällen umbringen will, allerdings hilft sie uns, konzentrierter bei der Sache zu sein. So viel zu Lampenfieber. Angst hat aber viele Gesichter.

Bei Angst interagieren unser denkendes und unser fühlendes Hirn miteinander

Ist Angst gleich Angst? Wie kommt es dazu, dass Angst beim einen seelische Qualen und beim anderen einen Kick auslösen kann? Schließlich wird niemand gezwungen, sich einen Horrorfilm zu Gemüte zu führen.
Wenn es um Angst geht, interagieren unser denkendes und unser fühlendes Hirn miteinander. Wissen wir unser Selbst in sicherer Umgebung, gibt unser denkendes Hirn ein Signal an die Gefühlsebene und sagt: Hey, alles in Ordnung!
Dann nehmen wir ein plötzlich auftauchendes Gespenst in der Geisterbahn eines Volksfestes als angenehmen Schrecken wahr. Überfällt uns aber eine dunkel gekleidete Gestalt mitten in der Nacht auf unserem Heimweg, sagt unser rationales Hirn zu unseren Emotionen: Du bist hier in Gefahr, renn um dein Leben!

Diese Art von Schreck wird nicht wie in der Geisterbahn als angenehm aufgefasst, sondern als traumatisierendes Erlebnis. Auch ein Horrorfilm löst Ängste in den Menschen aus. Manche sind geradezu süchtig danach. Zwar verspüren wir während des Films Angst, empfinden es aber als große Erleichterung, wenn der Film vorbei ist. Dann setzt die Dopamin-Ausschüttung ein und wir fühlen uns wohl – immerhin ist die Gefahr im wahrsten Sinne des Wortes außer Sichtweite. Wir haben die vermeintliche Bedrohung überwunden und können uns nun entspannen. Der Wechsel vom Nervenkitzel hin zur Erleichterung wird von vielen Menschen als sehr angenehm empfunden.
Manche vergleichen ihr Leben mit den Charakteren der schrecklichen Filmszenarien und wissen es auf einmal mehr zu schätzen. Ihre vorherigen Ängste (den Chef nach einer Gehaltserhöhung zu fragen) relativieren sich, und sie schöpfen Mut, ihren Vorgesetzten demnächst wirklich anzusprechen.

Wenn wir Angst haben, schärfen sich unsere Sinne wie zum Beispiel unser Sehsinn. Das dient dazu, dass wir die auftauchende Gefahr besser und schneller sehen können, um weglaufen, angreifen oder uns tot stellen zu können.

Was macht das Gehirn, wenn wir Angst haben?

Eine ängstliche Reaktion beginnt im Kopf und streut über den gesamten Körper. Das Gefühl von Angst beginnt in der Amygdala, einer mandelförmigen Region im Temporallappen, die häufig mit negativen Gefühlen in Verbindung gebracht wird. Sie arbeitet Hand in Hand mit dem Hippocampus, unserem Speicherort für Erinnerungen. Erschrecken wir, weil wir eine gigantisch große Spinne in unserem Bett entdecken, sendet die Amygdala Signale an motorische Areale, die uns auf die Flucht oder auf den Angriff vorbereiten. Gleichzeitig wird eine Menge Stresshormone freigesetzt. Das führt zu körperlichen Veränderungen, die uns effizienter in einer Gefahrensituation reagieren lassen: Wir sind aufmerksamer, unsere Sinne geschärft, wir atmen schneller, und unser Puls steigt. Unser Blut fließt schneller, was zur Folge hat, dass wir unsere Muskeln besser nutzen können. Währenddessen interpretieren der Hippocampus und unser Präfrontaler Cortex (rationales Denken) die Situation: Was passiert hier gerade? Ist die Spinne echt oder vielleicht ein Stofftier? Befindet sie sich hinter einer Glasscheibe, oder bedroht sie gerade effektiv mein Leben? Je nachdem, wie unser Präfrontaler Cortex die Situation bewertet, reagieren wir mit Flucht, Angriff oder Entspannung (Entspannung dann, wenn wir verstehen, dass es sich bei der Spinne um ein Stofftier handelt und wir beruhigt weiterschlafen können).[14]

Tue täglich eine Sache, die dich ängstigt.

– Eleanor Roosevelt

Angst ist eine wichtige Emotion, ohne die wir nicht lange überleben würden. Hast du Angst davor, auf eine heiße Herdplatte zu fassen, nachts allein in den Wald zu gehen oder aus zehn Metern Höhe herunterzuspringen? Gut so. Möchte Eleanor Roosevelt etwa, dass wir jeden Tag unser Leben in Gefahr bringen? Mit Sicherheit nicht. Es gibt Ängste, die sind berechtigt. Es gibt aber auch Ängste, die nur in unserem Kopf existieren, die uns daran hindern, ein glückliches Leben zu führen: Angst vor Bindung, vor Fahrstühlen, vor Menschen, vor Hunden, vor Staub. Die Liste ist lang. Solche Ängste zu überwinden, hinterlässt ein Wohlgefühl sondergleichen. Ständig Dinge zu tun, die dich ängstigen (und nicht dein Leben bedrohen), macht dich zu einem starken, selbstbewussten Menschen. Es gibt dir das Gefühl von Lebendigkeit – eines der schönsten Gefühle überhaupt.

Bitte wirf dich nicht auf die nächste Autobahn oder balanciere ungesichert auf einer hohen Brücke. Ich möchte dich ermutigen, deine Komfortzone erneut zu verlassen (wenn du es nicht schon mit einer kalten Dusche heute Morgen getan hast) und deine Ängste zu überwinden.
Ein Gefühl der Lebendigkeit stellt sich leider selten ein, wenn man im Supermarkt eine Tüte Milch kauft oder in der U-Bahn gedankenverloren auf sein Handy starrt. Stell dir ab und zu die Frage: Wann habe ich mich zum letzten Mal so richtig lebendig gefühlt? Und wieso fühle ich mich nicht häufiger so? Blockieren mich meine Sorgen und Ängste? Dann überwinde sie. Gib dir einen Ruck und probiere etwas Beängstigendes aus.

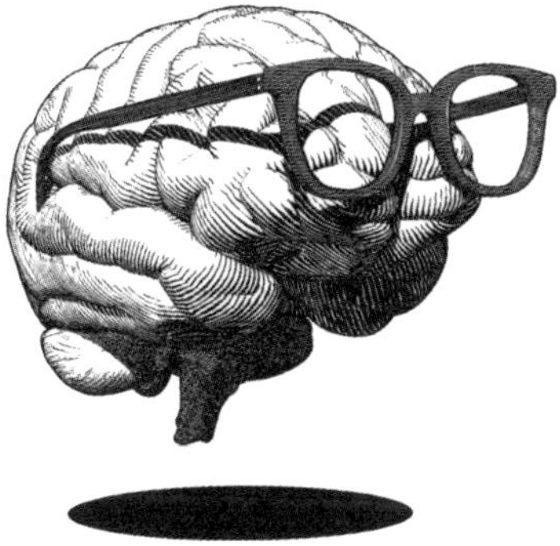

3. BEZIEHUNGEN MIT KÖPFCHEN

Liebe jeden Deckel!

Was ist Liebe? Wie können wir sie beeinflussen?
Und was passiert in unserem Kopf, wenn wir uns verlieben?

Wir alle sind Teil des Einen, wir alle sind das Eine.
Deshalb sollte es eigentlich keinen Unterschied machen,
wen ich liebe.

– Erich Fromm

Als ich noch klein war, dachte ich, es gäbe nur einen einzigen Menschen auf der ganzen Welt, der perfekt zu mir passen würde – den typischen Disney-Prinzen auf dem weißen Gaul eben. Dieser Mensch könnte in Asien, Afrika oder Europa leben, und es würde vermutlich viele, viele Jahre dauern, bis wir uns endlich gefunden hätten. Aber irgendwann wird ein jedes Kind mit der Realität konfrontiert. Der Weihnachtsmann ist eine Erfindung der Werbeindustrie und letzten Endes der Eltern, Opa lebt nicht für immer, und die Liebe ist ein irres Konstrukt aus chemischen Reaktionen und der Illusion des vermeintlich freien Willens, das letzten Endes nur der Fortpflanzung dient. Es kam mir wie ein lustiger Zufall vor, dass so viele Paare aus demselben Land, ja sogar aus demselben Dorf sich gefunden hatten. Mir wurde langsam bewusst, dass es mehrere passende Deckel für einen Topf geben konnte. Abgesehen davon verändern wir uns, unseren Charakter und unsere Weltanschauung im Laufe unseres Lebens so stark, dass ein Deckel, der noch vor fünf Jahren perfekt gepasst hätte, heute zu groß oder zu klein sein kann. Apropos Topf und Deckel: Was geht eigentlich vor sich, wenn wir uns verlieben?

Romantische Liebe führt zu einer ähnlichen körperlichen Abhängigkeit wie Heroin

Aus neurowissenschaftlicher Sicht ist Liebe eine körperliche Reaktion auf einen Stimulus. Einer Person wird beispielsweise

ein Foto des Partners vor Augen gehalten. Gleichzeitig werden der Puls und die Schweißausschüttung gemessen. Mit einem Magnetresonanztomografen kann währenddessen geprüft werden, welche Areale im Gehirn besonders aktiv werden, wenn die Versuchsperson an die geliebte Person denkt. 2005 wurde ein solches Experiment von Dr. Fisher[15] ins Leben gerufen. Zwei Hirnareale waren besonders aktiv, sobald das Gefühl von Liebe empfunden wurde: der *Nucleus caudatus*, das Belohnungszentrum, und der ventrale, tegmentale Bereich (assoziiert mit Freude und Motivation). Sind wir verliebt, wird besonders viel Dopamin ausgeschüttet, das positive Gefühle in uns hervorruft.[16] Der ausgeschüttete Botenstoff führt zu den Symptomen, die uns Schmetterlinge in den Bauch jagen und feuchte Hände bescheren. Aber Vorsicht: Liebe und Lust sind nicht dasselbe. Denn wenn wir jemanden sexuell anziehend finden, geht es so richtig ab in unserem Hypothalamus, dem Vermittler zwischen Hormon- und Nervensystem. Nur in bestimmten Fällen führt die Lust auch zur romantischen Liebe. Diese romantische Liebe wiederum ist, biologisch betrachtet, einfach nur wahnsinnig, denn sie erzielt ähnliche körperliche Abhängigkeit wie beispielsweise Heroin. Das Dopamin, das während der romantischen Liebe ausgeschüttet wird, zwingt uns dazu, permanent an die eine Person zu denken, in die wir uns verliebt haben. Chemisch gesehen, befinden wir uns in einem rauschigen Zustand der Zwangshandlungen. Immer an die eine Person zu denken, ständig über sie zu reden, das macht auf Dauer verrückt. Theoretisch sind wir also in der ersten Verliebtheitsphase ernsthaft krank. Krankhaft abhängig von einer anderen Person. Warum passiert das?
Eine von vielen Theorien, weshalb wir lieben, ist die, dass Neugeborene ohne die Mutterliebe hilflos wären und geliebt werden müssen, weil sie allein kaum einen Tag überleben würden. Somit haben immer nur die, die geliebt wurden und selbst geliebt haben, überlebt.

Nur die, die lieben, überleben

Natürlich haben die Philosophen an dieser Stelle auch noch ein Wörtchen mitzureden. Nach Erich Fromm ist Liebe eine Kunst, ein Handwerk. Nur der, der Disziplin, Konzentration und Geduld aufbringt, beherrscht irgendwann einmal die Kunst des Liebens. Außerdem muss man seinen angeborenen Narzissmus *ad acta* legen, um lieben lernen zu können. Viele glauben, die Liebe sei ein rein chemischer Zufall, der jedem im Laufe seines Lebens einmal in den Schoß fällt. Ganz so einfach scheint es aber nicht zu sein. Wie so vieles im Leben spielt sich ein Großteil der Liebe zwischen unseren Ohren ab, in unserem Gehirn. Ob wir es uns eingestehen oder nicht, zu einem Großteil entscheiden wir selbst, wen wir lieben und in wen wir uns verlieben wollen – eine Art pseudo-freiwilliges Auswahlverfahren. Immerhin denken wir oft an eine Person, die wir im Grunde kaum kennen, und füllen die fehlenden Charakterpuzzleteile einfach so aus, wie es uns gerade in den Kram passt. Unser Gehirn baut im Laufe unseres Lebens ein Konstrukt auf, eine Illusion des perfekten Partners. Genährt wird dieses Gebilde von Erfahrungen, der Beziehung zu unseren Eltern, unserer eigenen Weltanschauung, der Biologie und dem Timing. Habe ich die Entscheidung getroffen, bereit zu sein für die Liebe und Liebe zu verschenken, dann wird es nicht allzu lange dauern, bis ein potenzielles Objekt der Begierde diese Liebe auch empfangen wird, sofern wir uns überhaupt aus dem Haus bewegen. Die Eigenschaften des Auserwählten, die ich noch nicht kennengelernt habe, male ich mir einfach mit meinen Wunschvorstellungen oder Erfahrungen aus anderen Beziehungen aus. Demnach verliebe ich mich am Anfang einer Liebesbeziehung in ein Konstrukt meiner eigenen Vorstellungen – mit anderen Worten in eine Halluzination.

Liebe ist nicht das, was man erwartet zu bekommen, sondern das, was man bereit ist zu geben

In unserer Gesellschaft scheint es manchmal schier unmöglich, richtige Liebe zu praktizieren. An Weihnachten, dem Fest der Liebe, werden materielle Güter verschenkt, mit dem einzigen Zweck, am nächsten Werktag an der Kasse gegen Bares getauscht zu werden. Unmengen an Geld werden aus dem Fenster geworfen, damit Erwartungen erfüllt werden. Welch bizarres Bild, wenn eine gestresste Mutter mit Tüten über Tüten in den Händen den frierenden Bettler am Wegesrand keines Blickes würdigt. Dafür freut sich ihr Balg zu Hause nicht mal über das neue Spielzeugauto, es hat nämlich die falsche Farbe. Deshalb plärrt er auch den übergroßen, kitschigen Tannenbaum nieder und macht seinen Eltern das Leben zur Hölle. Auch der Braten hätte länger im Ofen bleiben können. Letztes Weihnachten war qualitativ einfach besser. Und der Arme auf der Straße? Der gehört nicht zum Fest der Liebe. Er kann nicht daran teilhaben, denn er hat ja kein Geld, um Spielzeugautos in der falschen Farbe zu kaufen.

Nimm eine liebevolle Haltung ein, dann wird Liebe zu einem Charakterzug von dir. Der perfekte Partner taucht nicht einfach aus dem Nichts auf und macht dich von jetzt bis ans Ende deiner Tage permanent glücklich. Er wird dich regelmäßig zum Weinen, Verzweifeln und auf die Palme bringen. Du wirst nicht darum herumkommen, stetig an der Passform von Topf und Deckel zu arbeiten. Das gilt für alle Menschen, die uns nahestehen und etwas bedeuten.

Kommunizieremit Liebe!

Streiten ist normal. Sicher, es gibt angenehmere Situationen im Leben, aber auch eine Darmspiegelung ist nicht gerade ein Spaziergang und muss trotzdem ab und an durchgeführt werden. Nicht zu streiten, ist ungesund, denn dann wird der angestaute Groll nur hineingefressen, und irgendwann explodiert man einfach wie eine Piñata auf einer spanischen Geburtstagsfeier. Um an dieser Stelle einmal zu zitieren, was Mahatma Gandhi vermutlich niemals gesagt hat: Lass dein Argument voll von Wahrheit sein, geschwängert von Liebe, und höre deinem Gegenüber aufmerksam zu. Dann wird jeder Streit in Einigkeit münden, jede Dissonanz in Übereinstimmung und jeder Groll in Vertrauen. Überlege dir vor jeder wichtigen Unterhaltung beziehungsweise Aussprache, was deine Intention für das Gespräch ist. Bist du immer noch so wütend auf den anderen, dass du ihn am liebsten mit dem nächstbesten Blumenkübel bewerfen möchtest? Dann nimm dir lieber Zeit, um dich zu beruhigen. Überlege dir, wie das Gespräch verlaufen und ausgehen soll. Wenn du mit der festen Intention von Liebe an eine Unterhaltung herantrittst, dann kann dir absolut nichts passieren. Das gilt nicht nur im privaten Bereich, wo du dich durch eine warme Ausstrahlung mit dem anderen versöhnen kannst, sondern auch in beruflichen Situationen. Liebst du deine Arbeit und dein Produkt, dann werden deine Kunden deine Authentizität wertzuschätzen wissen.

Schluss mit dem Gejammer!

Nörgeln macht unglücklich. Wieso tun wir es dann ständig?

Es gibt viele Wege zum Glück.
Einer davon ist aufzuhören zu jammern.
– Albert Einstein

Die Wohnung ist zu teuer, das Auto zu klein, der Urlaub zu kurz und der Job zu langweilig. Der Kellner hätte freundlicher sein können, das Steak günstiger und überhaupt, die nervigen Kinder am Nachbartisch hätte man am liebsten eigenhändig aus dem Restaurant geworfen. Wieso jammern Menschen eigentlich so viel? Im Schnitt geht es uns doch prächtig, oder etwa nicht?

Die meisten von uns haben ein Dach über dem Kopf, genug zu essen im Haus, fahren mehrmals im Jahr auf Urlaub und haben nette Arbeitskollegen. Das alles sollte Grund genug sein, sich nicht über das Leben zu beschweren. Und doch führen wir Europäer die Liste der Dauernörgler haushoch an.

Sehnsucht nach Sicherheit?

Jammern hat meist geschichtliche Gründe. In Deutschland zum Beispiel ist es das preußische Obrigkeitsdenken, das den Menschen in der Vergangenheit Unterwerfung und Disziplin abverlangt hat. Kategorisch wurde der Vorzeigebürger auf Disziplin getrimmt, nicht aber auf Kreativität und Spontaneität. Viele hegten den Wunsch, jemanden zu finden, an den man seine Verantwortung abgeben konnte. Da kommt ein dominantes Staatsoberhaupt gerade recht.

Was hat Jammern mit Verantwortung zu tun?

Nun ja, wenn ich für eine Sache, die schiefgeht, die volle Verantwortung trage, kann ich die Schuld nur bei mir selbst suchen.

Gebe ich die Verantwortung aber an den Staat ab, trägt er natürlich die Schuld, sobald etwas danebengeht. Und seien wir mal ehrlich, es geht häufig etwas daneben. „Wieso haben die nicht eher reagiert?“, „Warum wird nicht mehr getan?“ lauten dann die Jammeransagen.
Mit der Verantwortung des Staats gehen auch Erwartungen einher und mit Erwartungen Enttäuschungen. „Dazu kommt in Deutschland das schwierige Verhältnis zur eigenen Nationalität. Das Gefühl der Geborgenheit, das eine sichere psychologische Bindung zur Nationalität in Notzeiten geben kann, kennen wir kaum“, so Michael Thiel, diplomierter Psychologe aus Hamburg und Autor des Buchs *Deutschland, einig Jammerland! Warum uns Nörgeln nach vorne bringt*.
Die meisten Menschen hierzulande sehnen sich nach Sicherheit und treten Veränderungen jeglicher Art argwöhnisch entgegen. Vor allem aber sind und waren wir schon immer ein sehr besorgtes Völkchen. Bietet mir mein Job die Stabilität, die ich mir wünsche? Wird meine Beziehung halten? Werde ich in der Rente Hunger leiden? Diese Fragen quälen und beunruhigen uns. Aus der Angst und dem Unmut heraus wächst eine Gesellschaft, die gern meckert, anstatt kreative Lösungsvorschläge zu liefern. Aber ist Jammern gleich Jammern und hat es vielleicht auch positive Seiten?

Ob in Wien oder in Berlin – gejammert wird überall

Thiel unterscheidet verschiedene Arten des Jammerns. So gibt es etwa das sorgenvolle Meckern, bei dem man eigentlich um Hilfe bittet, weil man selbst nicht mehr weiterkommt. Es gibt aber auch das sogenannte Solidaritätsjammern, das wir nutzen, um anderen zu signalisieren, dass wir alle im selben sinkenden Boot sitzen. Vielleicht quatschen wir eine Kassiererin mit den Worten „Der Sommer ist ja für die Katz. Jeden Tag Regen!“ an und starten damit ein nettes Gespräch. Oder wir beklagen uns an der Tankstelle darüber, dass die pandemiebedingte

Mundschutzregelung einfach nur nervig ist, weil man durch die Drecksdinger kaum Luft bekommt. Jammern ist also ein gängiges Kommunikationsmittel.
Laut Thiel gibt es neben diesen Formen noch den Taktikjammerer. Taktikjammern ist die schlimmste der drei bisher genannten Arten. Denn das Taktikjammern dient dazu, Mitgefühl zu erhaschen und seine Mitmenschen damit zu manipulieren. Beschwert ein Taktikjammerer sich etwa über zu viel Arbeit und zu wenig Zeit, um mit seiner Tochter zu spielen, nimmt ihm ein gut gesinnter Kollege seine Aufgaben aus Mitleid ab. Aber Vorsicht: Vielleicht wollte sich der Jammernde einfach nur einen früheren Feierabend erschleichen? Man erkennt den Taktikjammerer auch daran, dass er ständig nörgelt. Er beschwert sich wirklich über alles und jeden – und das nervt.
Wir jammern also mehr, als uns lieb ist. Beschweren wir uns auch signifikant häufiger als andere Europäer? „Es handelt sich um ein kulturspezifisches Phänomen“, so Thiel. Die Skandinavier nörgeln natürlich auch, aber eben leiser und weniger ausdrucksstark als die Italiener, denen das lautstarke Jammern anscheinend schon in die Wiege gelegt worden ist. Nach einer größeren Auseinandersetzung liegen sich die Italiener aber wenigstens wieder zur Versöhnung in den Armen, was man von vielen Deutschsprachigen nicht unbedingt behaupten kann. Da wird lieber heimlich gejammert, bis der Arzt kommt. Südeuropäer beschweren sich eher selten über Kleinigkeiten und legen dafür eine entspannte Grundhaltung an den Tag. Mit Leichtigkeit sagen sie: „Das wird schon alles gut gehen.“ Von dieser Einstellung dürften sich vor allem die Deutschen ein Scheibchen abschneiden. Es scheint allerdings, als müsse Leichtigkeit erst einmal offiziell vom Staat verordnet werden.

Ist Jammern vielleicht gefährlicher, als wir denken?

Ja! In einer Studie der Stanford University fand man heraus, dass ständiges Nörgeln den Hippocampus schrumpfen lässt.

Im Schnitt denken wir mindestens einmal pro Minute an etwas Negatives. Dabei entstehen Synapsenschlüsse, damit wir das nächste Mal noch schneller pessimistisch sein und nörgeln können. Dann wird aus einmal zweimal, dreimal, viermal negatives Denken pro Minute. Da sind unsere Neuronen ganz pragmatisch. Verständlich: Wer würde schon jedes Mal eine neue Brücke bauen, um ein und denselben Fluss zu überqueren? Hat sich dieser Gedankenstrang erst einmal gefestigt, wird das negative Denken schnell zu einem Muster, und Gesprächspartner werden uns immer häufiger als Pessimisten wahrnehmen.

Was ist *German Angst*?

Mit dem Begriff *German Angst* beschreibt man eine Nation, die unter Existenzängsten leidet oder einer Grundangst in Bezug auf politisches und gesellschaftliches Geschehen ausgesetzt ist. Vorteil der *German Angst* ist es, dass das zögerliche beziehungsweise ängstliche Verhalten häufig von Außenstehenden unterschätzt wird und die Nation dann überraschend – wie beim Fußball – ihren Gegner in die Tasche steckt.

Anti-Jammer-Unterricht in der Schule?

In Hamburg sollen Kinder in Glück unterrichtet werden. Sie schreiben auf, was ihnen am Wochenende Schönes widerfahren ist und welche Momente wertvoll für sie waren. Die Kinder werden damit auf schöne Ereignisse sensibilisiert und neigen seltener dazu, sich zu beschweren.

Versuche in nächster Zeit, auf die Stimmung der Menschen zu achten, die dir nahestehen. Aufgrund unserer Empathiefähigkeit hängt unsere Laune mehr von unseren Mitmenschen ab, als es uns lieb ist. Umgib dich mit positiven Menschen und sprich dir nahestehende Personen darauf an, falls sie zu oft jammern. Nehmt euch gemeinsam vor, bei jedem Treffen zuerst über schöne Momente zu reden, bevor ihr problematische Themen ansprecht, und achtet dann auf positive Formulierungen.

Sei mal dumm!

Weshalb man dem Drang nach Wissen und Google manchmal entsagen sollte

Der Kluge lernt aus allem und von jedem,
der Normale aus seinen Erfahrungen,
und der Dumme weiß alles besser!

– Sokrates

Früher habe ich mit meiner Familie wahnsinnig gern *Wer wird Millionär?* geguckt. Wild durcheinander plapperten wir die Antworten heraus, sobald die erste Frage gestellt wurde: „C, ganz klar Antwort C ist richtig!" „Ach Quatsch, es ist eindeutig Antwort A!" Es folgten lange Diskussionen darüber, wer wohl recht haben würde, und natürlich das ein oder andere Mal betretenes Schweigen, wenn die Antwort, der man sich so sicher war, doch die falsche war. Die Show lebte vom Nervenkitzel, von der Neugier und den Streitereien, die man zu Hause vor dem Fernseher mit der Familie und Freunden führte. Heute diskutieren wir nicht mehr lange, wir googeln einfach nach den letzten amerikanischen Präsidenten oder nach dem kleinsten Land der Welt. Gleichzeitig fällen wir damit das Todesurteil für die spannenden Unterhaltungen und den angeregten Austausch mit unseren Mitmenschen.
Warum macht uns ständiges Googlen unruhig, unglücklich und einsam?

Google – das Schlaraffenland

Google – das Schlaraffenland des Wissensdurstigen. Der Süchtige nach Ahnung kommt im Internet auf seine Kosten. Aber zu welchem Preis? Das Internet ist mittlerweile allgegenwärtig und lässt sich nicht einfach abstellen. Uns macht die nicht endende Durchforstung von Informationen unruhig. Immer weiter, immer mehr, denn die Informationsladung im World Wide Web ist unerschöpflich. Niemals die Genugtuung zu verspüren, man sei am Gipfel seiner Weisheit angekommen, frustriert und macht auf Dauer sogar unglücklich. Das Streben nach Anerkennung für eine geistige Leistung kann ein giftiges Unterfangen werden, erringt man doch nie den Erleuchtungspokal im Schachspiel gegen das allwissende Internet, demgegenüber wir immer einen Gedankenzug zurückliegen. Mit anderen Worten: Das Internet ist unerschöpflich in seiner Informationsfülle, und wir werden niemals alle Informationen in uns aufsaugen können. Die Sucht nach Wissen bleibt also leider dauerhaft unbefriedigt.

Was sich zu Zeiten von Sokrates in wochenlangen, kreativen Denkprozessen, philosophischem Grübeln und langen Diskussionen ausgedrückt hat, mündet heute in halb gelesenen Artikeln, die im Internet gefunden und ebendort auch wieder abgeladen werden. Jede Frage wird sofort gegoogelt, jede angeregte Diskussion damit im Keim erstickt. Wieso tun wir das?

Es gibt schlechte Nachrichten für wissensdurstige Intelligenzbestien: Ein hoher IQ-Wert steht in positiver Korrelation mit physischen und psychischen Beschwerden. Schon mal von der Hyper Brain/Hyper Body Theory gehört? Laut einer Studie von Ruth Karpinski[17] haben Menschen mit einem IQ-Wert über 132 (100 ist der durchschnittliche Normalwert) häufiger Autismus, Angstzustände, Depressionen, ADHS oder

ähnliche Erkrankungen als Menschen mit einem niedrigeren IQ-Wert. Der genaue Zusammenhang ist der Forschung zwar noch unklar, allerdings vermutet man, dass dieselben Gene, die für Hochbegabung verantwortlich sind, auch psychische Störungen begünstigen können. Unendlich schlau zu sein, hat also seinen Preis.

Wir leben in einem Stadium dauerhafter Ablenkung

Seit Anbeginn der Zeit trägt der Mensch einen übermütigen Wissensdurst in sich. Er wollte schon immer wissen, was um ihn herum passierte. Er wollte alle Fakten über ein mögliches Raubtier haben, seine Umgebung und seine Mitmenschen besser kennenlernen. Die Neugier war lebensnotwendig, um sich vor auftretenden Gefahren zu wappnen. Außerdem wurde der Mensch für das Suchen nach Informationen stets mit einer Ladung Dopamin und dem Überleben belohnt. Und heute? Heute fördert das Internet in seiner Fülle an Informationen ein zwanghaftes Verhalten des Menschen. Es verleitet uns dazu, ständig unsere Handys und Mailboxen auf neueste Nachrichten zu checken. Wir leben in einem Stadium dauerhafter Ablenkung. Permanente Beschallung und ständiges Überprüfen unserer Nachrichten führen dazu, dass wir ruhiges, kontemplatives Verhalten verlernen. Das ist deshalb gefährlich, weil wir Ruhe brauchen, um zu lernen. Bekommt unser Gehirn eine neue Information, wird diese kurzfristig im Kurzzeitgedächtnis gespeichert. Erst nach einer Ruhephase kann sich die Erinnerung aus dem Kurzzeitgedächtnis ihren Weg in das Langzeitgedächtnis bahnen. Unterbrechen wir diesen Weg mit Ablenkung und Stress, können wir die Erinnerung schlechter im Gedächtnis behalten. Im Endeffekt macht uns unser ungeduldiger Wissensdurst somit sogar dümmer.

Das Internet macht uns zu oberflächlichen Denkern

Der uneingeschränkte Zugang zum Internet unterscheidet uns maßgeblich von unseren Großeltern. Während diese genügsam morgens in der Zeitung blätterten, Burn-out ein Fremdwort war und man Freunde und Liebschaften am Wochenende beim Tanz oder im Sportverein kennenlernte, kennen wir für alles nur noch die eine Lösung: das Internet. Neue Freunde, Dates, Jobs, Bücher, Spiele, Shoppen – es findet sich mittlerweile alles online.

„Das Internet macht uns zu oberflächlichen Denkern", sagt der Autor Nicholas Carr in seinem Buch *The Shallows: What the Internet Is Doing to Our Brains*. Aber seien wir mal ehrlich, das Internet ist einfach so praktisch und erfüllt obendrein eine unserer tiefsten Sehnsüchte: die Sehnsucht nach Wissen. Doch vielleicht könnten wir gleich auf das Lernen verzichten, wenn man ohnehin scheinbar jede Antwort im Internet finden kann? Könnten wir, doch dann behielten wir die Informationen nur in unserem Kurzzeitgedächtnis und würden uns kein Wissen mehr aneignen. Wir liefen Gefahr, komplett zu verblöden.

Selbstverständlich ist das Internet eine bahnbrechende Erfindung, aber nur im maßvollen Gebrauch erleichtert es wirklich unser Leben und hilft uns bei unserer geistigen Entwicklung.

Betrachte die Nutzung des Internets wie den Konsum von Schokolade: Ein Stück ist gesund, eine größere Menge davon tagtäglich macht auf Dauer krank.

Zerfleische nicht eine schöne, angeregte Unterhaltung mit einem Blick ins Internet. So findest du womöglich schneller die Antwort darauf, wie viele Achttausender in Nepal stehen oder was der Begriff „Prokrastination" zu bedeuten hat, aber ist es nicht viel schöner, während einer netten Diskussion gemeinsam auf die Antwort zu kommen?

Sei Bettina!

Wieso wir selbst unsere beste Freundin sein sollten

> Es ist nicht deine Aufgabe, mich zu mögen. Es ist meine.
>
> – anonym

Erstaunlich: Machen meine Freunde Fehler, tröste ich sie und baue ihr Selbstwertgefühl auf. Unterläuft mir selbst ein Fehler, mache ich mich häufig dafür fertig. Wieso ist das so? Wieso bin ich streng zu mir und wohlwollend meinen Freunden gegenüber? Stell dir vor, deine beste Freundin Bettina kommt niedergeschlagen zu dir nach Hause und erzählt dir, sie habe einen miesen Tag gehabt. Die Präsentation sei völlig in die Hose gegangen, auf manche Fragen des Chefs habe sie keine schlagfertige Antwort parat gehabt, und dann sei sie auch noch viel zu spät zu einem wichtigen Meeting gekommen. Wir können es nachempfinden. Das ist alles wirklich blöd gelaufen. Aber was sagen wir ihr? Als gute Freundin oder guter Freund bauen wir sie natürlich auf mit Worten wie: „Ist doch halb so schlimm. Du lieferst sonst immer tolle Arbeit ab, lass dich davon nicht runterziehen. Morgen ist ein neuer Tag, da läuft's bestimmt besser. Außerdem bist du die beste Marketingexpertin, die der Laden je gesehen hat." Vielleicht würden wir Bettina dann noch aufmunternd in den Arm nehmen und ihr ein Stück Schokolade anbieten. Sie würde sich besser fühlen, und die Welt wäre wieder in Ordnung.
Was aber, wenn uns selbst genau das passiert, was unserer besten Freundin widerfahren ist?

Behandeln wir uns selbst wie eine gute Freundin?

Leider nein! Interessanterweise behandeln wir eine gute Freundin ganz anders als uns selbst. Unterläuft mir ein Missgeschick, denke ich häufig: Mensch, wieso bist du nicht besser vorbereitet gewesen? Das hast du jetzt davon, dass du gestern Abend noch vor dem Fernseher versackt bist, anstatt deinen Vortrag vorzubereiten. Wahrscheinlich wirst du jetzt gefeuert, und alle halten dich für einen inkompetenten Versager.

Wir haben einen inneren Kritiker

Dir kommt diese Denkweise bekannt vor? Damit bist du nicht allein auf der Welt. Die meisten Menschen sind mit sich selbst sehr viel kritischer als mit ihren Freunden. In dem Buch *Hör auf, dich fertigzumachen!* erklärt Burkhard Düssler, Facharzt für Psychotherapie, das Phänomen der Selbstkritik. Düssler spricht von unserem inneren Kritiker, der eigentlich nur wahnsinnige Angst davor hat, etwas falsch zu machen, und deshalb auf uns aufpasst, indem er sich ständig um uns sorgt. Wir sorgen uns natürlich auch um unsere Freunde. Allerdings schaffen wir es bei ihnen, den nötigen Abstand zu gewinnen und mehr Lockerheit an den Tag zu legen. Stecken wir nicht in der Haut des Besorgten, können wir nicht immer zu hundert Prozent nachfühlen, weshalb der andere sich schlecht fühlt. Wir neutralisieren das Problem, bringen es in Relation zu den äußeren Umständen und bewirken damit einen Perspektivenwechsel.
Unsere selbstgerichtete Kritik hingegen ist kein produktives Verhalten. Uns fehlen der nötige Abstand und der Gesprächspartner, der wichtige Argumente ins Gespräch einwerfen könnte. So drehen sich unsere Gedanken nur im Kreis, und wir neigen dazu, uns selbst viel zu kritisch in die Mangel zu nehmen.
Es ist völlig normal, Fehler zu machen. Jeder macht sie, manche sogar jeden Tag. Und das ist nicht so schlimm, wie es oft auf den ersten Blick erscheinen mag. Ganz im Gegenteil: Aus Fehlern lernen wir. Sei stolz darauf, sie zu machen. Wir kommen schließlich nicht auf die Welt und landen direkt auf unseren Füßen. Wir müssen zuerst lernen, wie man fällt, bevor wir laufen können.

Wieso ist Selbstkritik schlecht?

Wenn wir uns selbst sehr kritisch gegenüberstehen, dann aktivieren wir unterbewusst einen Schutzschild, der uns vor Gefahren bewahren soll. Die Hirnareale für Selbstablehnung und Bestrafung werden aktiviert, und wir verfallen in ein Stadium der Starre. Entgegen der Annahme, Selbstkritik sei motivierend und sporne an, besser zu werden, kann es durchaus sehr hinderlich sein, zu kritisch mit sich selbst zu sein. Rede ich mir selbst ein, ich sei eine grottenschlechte Sängerin, werde ich in Zukunft seltener Lust haben zu singen. Ich bilde mir ein, ich könne es nicht richtig, und werde es deshalb auch nicht weiter versuchen. Auf Dauer führt diese Einstellung zu Ängsten vor Situationen, in denen man schon mal gescheitert ist, und in weiterer Folge zur Vermeidung derselben. Ein vermindertes Selbstwertgefühl, negative Gedanken an sich selbst gerichtet und in schlimmsten Fällen sogar depressive Verstimmungen sind die Folge.
Gehe ich hingegen mit mir wie mit einem guten Freund um und baue mein Selbstwertgefühl auf statt ab, dann werde ich weiterhin Motivation verspüren, an gewissen Makeln zu arbeiten. Für unsere Selbstliebe und Zufriedenheit ist der Umgang mit uns selbst, unsere innere Stimme, enorm wichtig. Beobachte dich das nächste Mal selbst, wie du mit dir umgehst, wenn du einen Fehler begehst. Machst du dich für deinen Fauxpas fertig? Dann stell dir vor, du sprichst nicht zu dir, sondern zu deiner besten Freundin beziehungsweise deinem besten Freund und nimm wahr, wie sich deine Emotionen und deine Wortwahl verändern. Bedenke: Es gibt keinen einzigen Nachteil, zufrieden mit sich selbst zu sein und sich genauso zu lieben, wie man ist.

Malheur passiert? Halb so wild! Geh bewusst mental einen Schritt zurück und betrachte dich von außen. Jetzt bist du selbst deine beste Freundin. Was würdest du ihr sagen? Du würdest sie in den Arm nehmen und ihr Mut zusprechen, richtig? Und genau das tust du von jetzt an mit dir selbst. Das ist sehr wichtig, um positiv zu bleiben und nie den Mut zu verlieren, wenn es um neue Herausforderungen geht. Außerdem lernst du, mit Misserfolgen umzugehen. Die sind nämlich nichts, wovor man sich fürchten muss. Man kennt einander irgendwann – und das letzte Mal, als man mit einer Enttäuschung konfrontiert war, ging die Welt davon nicht unter. Da hat man sie akzeptiert, sich Mut zugesprochen und sich irgendwann verziehen.

Folge mir nicht!

Einfach mal zu einer virtuellen Freundschaft Nein sagen

Instagram funktioniert deshalb so gut,
weil wir alle unter der Angst leiden, unwichtig zu sein.

– anonym

Ich folge dir nicht. Ein hartes Statement. Ebenso gut könnte man der Person auch eine Ohrfeige verpassen, wenn sie großzügig offeriert, ihr auf Instagram zu folgen. Das tiefe Gefühl der Zuneigung in einer Freundschaft scheint heute allein nicht mehr ausreichend. Man muss es durch eine digitale Verbundenheit bestätigen, der Person, ihren Selfies, Videos und Posts täglich auf Instagram etc. folgen. Immer *up to date* sein.
Aber überlastet das nicht unsere Aufmerksamkeit? Ist es wirklich notwenig, jedem meiner Freunde im Web zu folgen, oder reicht es vielleicht, sich in der analogen Welt auszutauschen? Ist die wahre Freundschaft entzweit, nur weil man sich online *entmatcht*, *entfreundet* oder *entfolgt* hat?

Warum lieben wir Social Media?

Wir lieben die sozialen Netzwerke aus demselben Grund, weshalb wir auf Süßigkeiten, den Genuss von Alkohol und den Moment nach einer sportlichen Betätigung abfahren: Dopamin! Unser Gehirn steht auf das Zeug. Das Glückshormon wird in kleinen Döschen freigesetzt – und zwar jedes Mal, wenn wir eine Nachricht erhalten oder eines unserer Fotos geliked wird. *Pling* macht unser Smartphone, und schon sind wir süchtig nach diesem beschwingten Gefühl der Zufriedenheit und Anerkennung. Das Institut Lönneker und Imdahl hat zum Thema Anerkennung und Selfies im Rahmen einer psychologischen Studie tausend Personen befragt.[18] Das Ergebnis: Anscheinend sind die in uns tief verwurzelte Sehnsucht nach Anerkennung und der Ausdruck von Selbstverliebtheit der Grund für das ständige Grinsen in die Kamera. Ein schöner Ausblick, eine neue Frisur oder ein Bier mit den Freunden? Sofort wird der Moment auf den digitalen Leinwänden unserer Neuzeit verewigt. Ein *Like*, ein *Pling*, ein Dopamin-Schub.

Der griechische Philosoph Diogenes hat es uns in seiner Tonne vorgelebt: den Minimalismus. Sich auf das Nötigste zu beschränken, auf Überfluss und Schnickschnack zu verzichten – so lautete seine Devise. Der Trend beschränkt sich nicht nur auf Kleidungsstücke und die Wohnungseinrichtung, sondern auch auf das soziale Umfeld: Warum nicht mal die Facebook-Freunde durchstöbern und Freundschaften beenden, die ohnehin vor Jahren still und heimlich aufgehört haben zu existieren?

Noch hat das ganze kaum Nachteile, abgesehen von dem zeitlichen Investment. Tragen wir unser Smartphone mit uns herum beziehungsweise befindet es sich in unserer unmittelbaren Umgebung, wird unser Leben zu dauerhaftem Multitasking, und wir werden zu schlechten Multitaskern. Wir hören unserem Gesprächspartner nur noch mit halbem Ohr zu und kontrollieren alle fünf Minuten unsere Chatverläufe (Na, ertappt?). Oder wann war das letzte Mal, als du dein Handy ausgeschaltet beziehungsweise absichtlich zu Hause gelassen hast?

Sagen wir, wie es ist: Wir sind abhängig. Genau diese Abhängigkeit sorgt dafür, dass wir in anderen Tätigkeiten keinen Flow-Zustand mehr erreichen können. Das ist ein Zustand, in dem man sich völlig verliert und einer einzigen Sache hingibt. Hinterher hat man das Gefühl, etwas erreicht zu haben, und empfindet schlichtweg Glück.

Digitale Diäten verbessern unsere Aufmerksamkeit

Statistisch betrachtet, verbringt jeder von uns mehr als zwei Stunden am Tag auf einer Social-Media-Plattform. Zwei Stunden! Folgende Dinge könnten wir stattdessen in dieser Zeit tun: die Natur genießen, an einem Buch arbeiten, eine gute Dokumentation ansehen, Doppelkopf spielen, Gedichte schreiben oder unseren Hund streicheln. Das Problem: Die Tendenz geht nach oben. Bald schon werden es im Schnitt drei Stunden am Tag sein, die wir auf unsere Bildschirme starren. Dass das nicht nur schlecht für unsere Aufmerksamkeit, sondern auch für unsere Augen und unsere Körperhaltung ist, sei hier nur am Rande erwähnt.

Fun fact: Obwohl wir so viel Zeit (im Schnitt schauen wir alle 18 Minuten auf unser Handy) mit unserem Smartphone verbringen, benutzen wir es gerade einmal sieben Minuten am Tag zum Telefonieren.

Neben Selbstfindung und Anerkennungssucht schwingt unterschwellig die Angst des Vergessens mit, oder besser: die Angst vor dem Vergessenwerden. Sage ich *Nein* zu einem Cyber-Austausch, bedeutet dies auch ein *Nein* zu einer Erinnerung und möglichen Freundschaft. Mit anderen Worten: Ich lasse die Person nicht weiter an meinem Leben teilhaben und werde sie höchstwahrscheinlich einfach vergessen. Und das mit voller Absicht! Du kannst nicht mit jedem Menschen befreundet sein, so viel Lebenszeit haben wir nicht.

Lehne dich einen Moment zurück und denk an einen der schönsten Momente deines Lebens. Und an noch einen. Ich wette, dies waren besonders emotionale Momente. Augenblicke, die du mit deiner Familie oder Freunden geteilt hast. Ich bin mir auch sicher, dass es kein Moment war, in dem du ganz allein warst oder im Internet gesurft hast. Investiere mehr Zeit in deine Liebsten, in gemeinsame Abenteuer, Lagerfeuer und Krimidinner. Wir haben als Mensch die Gabe, unseren Mitmenschen ein großartiges Geschenk zu machen. Wir können ihnen unsere volle, ungeteilte Aufmerksamkeit geben, die heutzutage mehr und mehr im Wirrwarr digitaler Netzwerke unterzugehen droht. Verabschiede dich von den zeitraubenden, eigentlich antisozialen sozialen Plattformen. Triff dich mit deinen Freunden draußen im echten Leben und schenk ihnen dein Ohr und deine Zeit.

Mach eine Therapie!

Wie man lernt, das Bewusstsein zu verstehen

> Der Mann, der den Berg abtrug, war derselbe,
> der anfing, kleine Steine wegzutragen.
>
> – Konfuzius

Eine Psychotherapie tut gut, denn Themen aus der Kindheit hat jeder von uns. Die einen wollen sie angehen, verstehen lernen, andere wählen den Weg der Verdrängung. Manchmal denken wir etwas, das wir aber nicht fühlen, oder umgekehrt. Um den Kopf und das Herz in Einklang zu bringen, kann eine Therapie helfen.
Sie geben nicht zu, dass sie eine Therapie machen. Dabei wünschen sich viele Menschen professionelle Hilfe, wenn sie mit

einer Situation in ihrem Leben nicht fertigwerden, und wagen dennoch nicht den Schritt zum Therapeuten. Angst vor Verurteilung ist der Hauptgrund, denn in unserer Gesellschaft gibt es immer noch ein stark veraltetes, negatives Bild über Menschen, die sich therapeutisch behandeln lassen. Komisch eigentlich, mit einem kaputten Knie gehen wir doch auch zum Orthopäden. Aber wenn es um unser wertvolles, unantastbares Inneres geht, unsere Gefühle, dann machen wir schnell zu. Es ist uns höchst unangenehm, darüber zu reden. Nach außen hin ist immer Friede, Freude, Eierkuchen; auf Instagram sieht man uns nur im Bikini am Seeufer strahlen. Abgesehen davon sind private Therapien teuer. Obwohl – die Klamotten, Autos und Urlaube, die wir uns nur gönnen, um unsere tiefste Unzufriedenheit zu beschwichtigen, sind das wohl auch.

Der Gang zum Psychotherapeuten sollte normal sein

Eine Psycho- beziehungsweise Hypnosetherapie ist unglaublich wichtig, da im besten Falle der Patient dadurch dauerhaft geheilt werden und ein sehr glückliches Leben führen kann. Ebenso wie Krebsvorsorge und der jährliche Gang zum Zahnarzt sollte auch der Besuch beim Psychotherapeuten für zukünftige Generationen normal sein.
Wer sich heute verbeamten lassen möchte, darf in seiner Personalakte keinen Besuch beim Psychotherapeuten vermerkt haben. Umgekehrt sollte es sein! Wer sich verbeamten lassen will, sollte eine Therapie gemacht haben und mit seinem Inneren und seinen Bedürfnissen vertraut sein. Weshalb das so wichtig ist und inwieweit der Verstand mit unseren Gefühlen zusammenarbeitet, möchte ich im Folgenden erklären.
Wir kommen als purer Mensch auf die Welt. Uns ist egal, ob jemand dick oder dünn ist, ein großes Auto fährt oder nicht, wir bewerten das alles nicht. Im Laufe der Zeit werden wir durch Meinungen und Erfahrungen geprägt. Wir bekommen mit, dass schlanke, große Frauen mit langen Locken beliebter

sind als dicke, pickelige Mädels mit Hornbrille. Vielleicht sind wir selbst eines dieser dicklichen Mädchen und haben das Gefühl, deshalb weniger wert zu sein. Wir machen eine Diät nach der anderen, landen vielleicht in der Magersucht und hassen unseren Körper für das, was er ist. Bei unserem Partner sind wir extrem wählerisch, weil wir uns selbst durch einen schönen Partner aufwerten können. Wir lieben ihn also nur bedingt, denn wäre er hässlich, wertete das auch uns selbst ab, und wir würden ihn krampfhaft ändern oder verlassen wollen.
Wichtig ist, dass wir erkennen, warum wir so geworden sind, wie wir sind, und welche Glaubenssätze und Werte uns in der Kindheit geprägt haben. Vor allem aber ist es wichtig, dass wir lernen, uns selbst zu lieben, so wie wir sind, egal wie wir aussehen, was wir tun, mit all unseren Fehlern.

In der Hypnosetherapie versucht der Therapeut, den Verstand durch Entspannungsübungen gleichsam herunterzufahren, damit er die vielleicht sonst schwer zugängliche Gefühlsebene erreicht. In der Regel ist der Patient währenddessen vollständig ansprechbar. Im Laufe der Sitzungen hat der Patient die Möglichkeit, seine Charakterzüge besser zu deuten und einschneidende Situationen aus seinem Leben nachzuempfinden, was er bis dato vielleicht versäumt oder verdrängt hat.

Ein Therapeut versucht, durch Gespräche in unser Bewusstsein und während der Hypnose in unser Unterbewusstsein einzugreifen. Auf das Unterbewusstsein, das viele auch als Bauchgefühl oder Intuition kennen, möchte ich hier nicht weiter eingehen, da ich dazu zu weit ausholen müsste. Stattdessen möchte ich einen kurzen Einblick in die Messbarkeit unseres Bewusstseins geben.

Wie sieht das Bewusstsein aus?

Neurowissenschaftlich gesprochen, ist die Signatur des Bewusstseins ein Aufleuchten neuronaler Aktivität im MRT-Scanner. Hierzu werden Probanden Zahlen und Buchstaben auf einem weißen Bildschirm visuell vorgespielt. Ist der zeitliche Abstand zwischen Zahl und Nummer groß, erkennt die Testperson die Zahl mühelos und ein Aufleuchten in fast allen Gehirnregionen macht sich bemerkbar. Warum in allen Regionen und nicht nur in der Region, die für das Sehen verantwortlich ist? Es scheint, als wolle unser Gehirn die bewusst aufgenommene Information mit allen anderen Regionen teilen, damit sie weiterverarbeitet werden kann.
Ist jedoch die Abspielzeit zwischen Zahl und Buchstabe zu gering, erkennt der Studienteilnehmer die Zahl nicht mehr bewusst. Die Zahl gelangt dadurch nicht in sein Bewusstsein, und sein Gehirn bleibt „dunkel".
Man konnte sogar beweisen, dass bereits Babys im Alter von fünf Monaten ein Bewusstsein haben. Man zeigte ihnen Gesichter auf einem Bildschirm und maß ihre Gehirnaktivität per EEG. Erkannten sie ein Gesicht, so verstärkte sich ihre Gehirnaktivität signifikant im Gegensatz zur Ruhephase.

Fun fact: Als Menschen haben wir die besondere Fähigkeit, Gesichter zu erkennen. Manche Menschen leiden unter Prosopagnosia, einer seltenen Krankheit, die es dem Patienten nicht möglich macht, Gesichter zu erkennen. Egal ob Vater, Mutter oder Freundin, sie können ihr Umfeld nicht am Gesicht erkennen.

Man darf nicht vergessen, dass alles, was wir wahrnehmen, reine Interpretation unseres Gehirns ist. Es verarbeitet stets neue Eindrücke mit bekannten Mustern, die wir aus unserem Erfahrungsschatz entnehmen können. Es erscheint also nur logisch, dass wir selbst neue Situationen und Menschen, denen wir begegnen, durch eine Bewusstseinsbrille sehen. Haben mir meine Eltern beigebracht, dass große, dunkel gekleidete Männer mit Glatze gefährlich und böse sind, werde ich automatisch bei dem nächsten Mann, der so aussieht, skeptisch werden. Hat mir mein Umfeld stets vorgelebt, dass es wichtig ist, viel zu arbeiten, werde ich mich vermutlich in Zukunft schuldig fühlen, wenn ich in den Urlaub fahre. Die Liste ist lang. Um diese anerzogenen Muster, unsere Bewusstseinsbrille, abzulegen, ist eine starke Auseinandersetzung mit unserem Ich vonnöten.

Trau dich und erforsche, was in der Tiefe deines Bewusstseins schlummert, und mach eine Psycho- beziehungsweise Hypnosetherapie oder übe dich in Meditation. Das kann aus reinem Interesse sein, weil du dich besser kennenlernen möchtest oder weil du ein störendes, antrainiertes Verhalten von dir ändern möchtest. Egal ob Spinnen- oder Klaustrophobie, Beziehungsangst, Alkohol-, Ess- oder Arbeitssucht, es gibt einen Auslöser für dein Problem, und es ist an dir, ihn zu finden, ihn zu verstehen und anzunehmen. Es gehört zu den aufregendsten Erlebnissen des Lebens, sich selbst kennenzulernen.

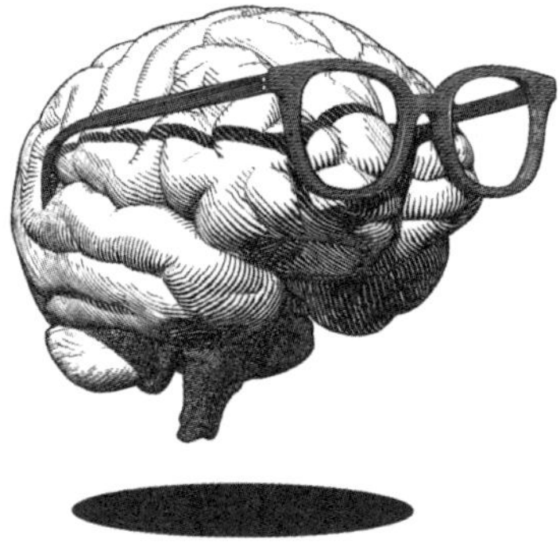

4. ERFOLG IM TO-GO-BECHER

Sei ein Mann!

Woher Männer ihr Selbstbewusstsein nehmen und was wir von ihnen lernen können

Schultern zurück, Brust raus, Beine breit und los!
– Mushu, kleiner Drache aus dem Disneyfilm Mulan

Er ist schon älteren Datums, schiebt eine dicke Bierkugel vor sich her, und auch seine Haare verabschieden sich langsam, aber sicher von seinem Haupt. Er spricht einen katastrophalen Mix aus Englisch und Bayerisch und steht dennoch mit so stolzer Brust vor seinen Geschäftspartnern und zukünftigen Kunden, dass es mir die Sprache verschlägt. Dieser Mann sieht nicht toll aus, aber er hat ein Selbstbewusstsein bis zum Mond und wieder zurück. Woher nimmt er nur diese gigantische Gelassenheit? Und wieso steht seine um Längen attraktivere, gebildete Kollegin mit akzentfreiem Englisch nicht an seiner Stelle?

Scheiße, bin ich fett!

Die reale, fachliche Kompetenz steht scheinbar in keiner Korrelation zum Selbstbewusstsein. *Sie* traut sich nichts zu. *Er* hingegen traut sich *alles* zu. Müsste er einen Staubsauger an einen armlosen Obdachlosen verkaufen, er würde es tun. Liebe Frauen, wir können ja so viel von den Männern lernen ...
Frauen stehen häufig unsicher und stirnrunzelnd vorm Spiegel, drehen ihren makellosen Körper von links nach rechts, kneifen sich in den kaum vorhandenen Bauchspeck und denken: „Scheiße, bin ich fett. Das muss ich wegtrainieren."
Männer hingegen stellen sich breitbeinig mit heraushängender Plauze vor den Spiegel, fassen sich herzhaft an den Speckgürtel und verkünden stolz: „Aaaalles meins!" Aber wieso ist das so? Sind Männer und Frauen so unterschiedlich?
Ja! Das Hormon Testosteron beispielsweise tragen zwar sowohl Männer als auch Frauen in sich, jedoch fließt bei Frauen

nur knapp ein Zehntel davon durch die Adern. Testosteron vermindert die Angst vor Strafen und wird gern mit Aggressivität, Tapferkeit und vor allem Selbstvertrauen in Verbindung gebracht. In einer Studie der University of Pennsylvania[19] untersuchten Forscher, inwiefern das rationale Denkvermögen von Männern durch Testosteron beeinflusst wird. Die Gruppe Männer, die einen höheren Testosteronspiegel aufwies, schnitt in dem Test deutlich schlechter ab als die Gruppe mit einem niedrigen Wert. Die Forscher stellten fest, dass die Gruppe mit viel Testosteron im Körper sich zwar schneller entscheiden konnte, dafür aber auch öfter falsch lag. Sie vermuteten, dass die Männer ihre Antworten nicht hinterfragten und somit einfach selbstbewusster waren als die Gruppe mit niedrigem Testosteronwert.

Mehr Testosteron, mehr Erfolg?

In einer Studie der University of Cambridge[20] wurden Börsenmakler auf ihren Testosteronwert hin untersucht. Tatsächlich wurde eine Korrelation zwischen Testosteronspiegel und Karriereerfolg nachgewiesen. Mit anderen Worten: Je mehr Erfolge der Börsenmakler verbuchen konnte, desto mehr Testosteron wurde in seinem Blut ausgeschüttet. Aber nicht nur das Testosteron unterdrückt den Reflektionsprozess des Mannes und steigert sein Selbstbewusstsein. Der Präfrontale Cortex, ein großer Bereich des menschlichen Gehirns, der direkt hinter unserer Stirn sitzt, ist für rationales Denken verantwortlich. Er ist beim Mann weniger stark ausgeprägt als bei der Frau und entwickelt sich ein bis zwei Jahre später. Dass Frauen den Männern in der Entwicklung circa zwei Jahre voraus sind, stimmt also wirklich. Im Klartext bedeutet das: Wenn dein Freund beziehungsweise Mann einmal vorschnelle Schlüsse zieht oder spricht, ohne nachzudenken, dann nimm ihm das nicht übel.

Letztendlich spielt aber auch die Erziehung eine nicht unerhebliche Rolle in der Entwicklung des Selbstbewusstseins. Wird dem Mann schon früh vermittelt, er könne im Leben alles erreichen, was er sich nur vornimmt, so wird ihm die Umsetzung dieses Glaubenssatzes später nicht so schwerfallen wie jemandem, dem unterschwellig eingeredet worden ist, er sei zu nichts zu gebrauchen. Ein gesundes Selbstwertgefühl können wir alle gut gebrauchen, egal ob im Alltag oder im Berufsleben.
Wie du dein Selbstwertgefühl steigern kannst?
Ein wahrer Booster für das eigene Selbstbewusstsein ist die Überwindung von Ängsten. Solltest du jedes Mal sehr nervös werden, wenn du vor mehreren Leuten sprechen musst, dann könntest du diese Angst durch die Teilnahme an einem Rhetorikseminar überwinden oder zumindest minimieren. Dort lernst du, angstfrei und mit Spaß vor anderen Menschen zu reden, und zwar ohne sofort in Panik auszubrechen. Außerdem wirst du dich an die vermeintlich unangenehme Situation gewöhnen, und irgendwann werden öffentliche Reden einfach zu deiner Routine. Je öfter du es tust, desto souveräner und selbstbewusster wirst du.

Nein, bitte, lass dir jetzt keine Testosteronspritze verabreichen oder dein Gehirn amputieren. Es gibt einfachere Wege, um dein Selbstbewusstsein zu stärken. Beobachte erfolgreiche Männer und lerne von ihrem Kommunikationsverhalten. Erinnere dich an deine bisherigen Erfolge (auch die kleinen) und feiere sie. Ganz genau, Bescheidenheit ist hier fehl am Platz! Verteile Komplimente und nimm sie selbst ebenso an, denn auch das steigert dein Selbstbewusstsein. Menschen, die kein Problem damit haben, ihre eigene Meinung zu vertreten, werden eher respektiert als diejenigen, die immer Ja und Amen sagen.

Such dir Probleme!

Warum wir uns unsere Probleme aussuchen

Glück ist ein Problem.
– Mark Manson

Die erfolgreiche Ballerina wird auf der Bühne bejubelt, doch hinter dem Vorhang bluten ihr die Füße. Der Computernerd zockt den ganzen Tag, hat keinen Bock auf Sport und leidet unter seiner Fettleibigkeit. Die Singlefrau freut sich über ihre Freiheit und die Partys, vermisst aber insgeheim Zweisamkeit und träumt von eigenen Kindern. Der Vater von drei Kindern ist den ganzen Tag gereizt, streitet sich ständig mit seiner Frau und geht ihr dreimal pro Jahr fremd. Der begnadete Komponist schreibt weltberühmte Lieder, leidet jedoch unter seiner Alkoholabhängigkeit und seinen Depressionen. Der arbeitslose Junkie hätte gern mehr Geld, der Top-Manager sehnt sich nach mehr Freizeit. Der Sesshafte träumt vom Reisen und der Reisende vom Heimathafen. Der Student lechzt nach dem Ende seiner Prüfungen, und der Arbeitende träumt sich nostalgisch ins Studium zurück.

Wollen wir einfach immer genau das, was wir gerade nicht haben? Der amerikanische Bestseller Autor und Blogger Mark Manson findet dafür die richtigen Worte in seinem Bestseller *Die subtile Kunst des Daraufscheissens*. Manson behauptet, das Leben stecke voller Probleme. Mehr sogar: Leben bedeutet Probleme haben. Probleme selbst sind eigentlich genau das, was wir Leben nennen. Wir vergessen nur manchmal, dass wir uns die meisten Probleme aussuchen dürfen. Ebenso ist Glück nicht die Abwesenheit von Leiden, sondern die Anwesenheit der Leiden, die wir zu ertragen gewillt sind.

In Wahrheit streben wir nicht nach Glück, sondern nach Problemen, die wir haben wollen

Es ist anstrengend, Kinder großzuziehen, Nacht für Nacht aufzustehen, sie zu füttern und ihr Geschrei auszuhalten. Aber wir suchen uns dieses Leiden aus, weil wir unser Kind lieben und bereit sind, schlaflose Nächte zu ertragen. Wenn wir keine Kinder haben wollen, dann suchen wir uns das Leid aus, das uns als Gefühl der Einsamkeit bekannt ist. Wenn wir uns sesshaft machen, dann leiden wir vielleicht unter der eingeschränkten Freiheit, profitieren dafür aber von dem Gefühl von Sicherheit und Nähe.
In Wahrheit streben wir also nicht nach dem Glück, dem Paradies, sondern nach Problemen, die wir haben wollen. Man wird niemals alle Probleme lösen können. Ganz besonders dann nicht, wenn man tatsächlich immer das haben will, was man gerade nicht hat. Will man ein Olympiasieger werden, dann muss man mit den Schmerzen, hartem Training, Erschöpfung und vielleicht sogar Verletzungen leben. Aber das sind Leiden, die man sich bewusst ausgesucht hat. Will man ein erfolgreicher Manager werden, muss man stressige Wochentage, anstrengende Kunden und wenig Schlaf in Kauf nehmen.

Problemlösung im Kopf

Wie und wo löst unser Kopf Probleme? Fasst du dir manchmal beim Nachdenken an die Stirn? Dann bist du deinem Präfrontalen Cortex (PFC) ganz besonders nah. Er sitzt direkt hinter unserer Stirn und ist für rationale Denkprozesse zuständig. Es ist gleichzeitig die Region, die sich im menschlichen Gehirn als Letztes vollständig entwickelt. Ausgereift ist der PFC etwa mit 18 bis 20 Jahren, weshalb der Mensch erst dann als erwachsen gilt. Neben dem PFC ist auch das Stratium in unser lösungsorientiertes Denken involviert. Wir brauchen es

besonders dann, wenn wir mehrere Optionen haben und eine Auswahl treffen müssen. Diese Regionen arbeiten übrigens auch dann auf Hochtouren, wenn wir uns bewusst gar nicht mehr mit dem Problem befassen.
Du kennst bestimmt diesen Moment, wenn du wie verrückt an einer Aufgabe herumtüftelst und einfach nicht auf die passende Lösung kommst. Du entscheidest dich stattdessen, die Sache gut sein zu lassen, und gehst in den Supermarkt. Noch während du die Tomaten in deinen Einkaufswagen legst, fällt dir die Lösung für dein Problem aus heiterem Himmel ein. Das ist kein Zufall: Dein Hirn hat weiter, für dich in diesem Moment unbewusst, an der Problemlösung gearbeitet.

Überlege dir, welches Problem du bereit bist zu lösen beziehungsweise welche Leiden du zu ertragen gewillt bist und welche nicht. Ist dir ein entspanntes, freies Leben wichtiger als eine Familie zu gründen, dann entscheidest du dich *gegen* die Probleme Familie ernähren, schlaflose Nächte, Kindergeschrei und *für* die Probleme Einsamkeit, Rastlosigkeit, Kinderlosigkeit. Wenn du der Meinung bist, man könne dauerhaft glücklich sein und sich Probleme ganz einfach vom Hals halten, dann wirst du vom Leben enttäuscht sein. Es gibt kein sorgloses, schmerzfreies Leben – leider. Und seien wir mal ehrlich, das wäre ja auch ein verdammt ödes Leben, oder nicht?

Sei dankbar für die Probleme, mit denen du dich beschäftigen darfst. Vergiss nicht, dass du immer Schmerzen erleiden und mit schwierigen Situationen konfrontiert sein wirst. So ist das Leben: schwarz, weiß und ganz viel dazwischen. Mach dir bewusst, welches Leben du führen willst und welche Probleme du bewältigen möchtest.

Dusche kalt!

Was kaltes Wasser mit Erfolg und Gesundheit zu tun hat

> Stärke wächst nicht aus körperlicher Kraft –
> vielmehr aus unbeugsamem Willen.
>
> – Mahatma Gandhi

Die einen stehen in Daunenjacke fröstelnd am Ufer, die anderen planschen fröhlich im Wasser vor sich hin: Eisbaden in der Isar in München Anfang Dezember. Sind die verrückt? Vor drei Jahren entflammte meine Liebe zu eiskaltem Wasser. Ich sprang im Winter in den See und duschte nach dem Sport immer kalt. Anfangs war es nicht leicht, und das neue Ritual in meinen Alltag zu integrieren, kostete mich große Überwindung. Irgendwann fing ich an, Freude an den kalten Bädern zu finden. Je kälter das Wasser, desto erfrischter fühlte ich mich danach. Meine Laune stieg merklich, und ich fühlte mich energiegeladener als je zuvor. Während andere mit einer verstopften Nase und einem kratzenden Hals im Bett bleiben mussten, erfreute ich mich an kalten Wintertagen.
Für viele ist die Vorstellung, morgens aus dem kuschelig warmen Bett zu steigen und sich unter einen Gebirgswasserfall zu stellen, grauenvoll. Zugegeben, es ist nicht immer angenehm, und die ersten Tage der Umgewöhnung sind wirklich hart. Aber kaltes Duschen kann dein Leben verändern, denn du wirst definitiv weniger Zeit mit Grippe im Bett verbringen.
Wie genau wirkt sich das kühle Nass eigentlich auf unsere Gesundheit aus?

Kaltes Duschen beugt depressiven Verstimmungen vor

Das kalte Wasser bewirkt eine sofortige Adrenalin-Ausschüttung im Gehirn, hellt die Stimmung auf und minimiert Stress. Das neue Ritual beugt also depressiven Verstimmungen vor und gibt gleich am Morgen einen riesigen Energiekick. Es regt die Fettverbrennung an und verhindert die Bildung von Krampfadern. Das Blut zieht sich beim kalten Duschen in die Organe zurück und fördert damit ihre Durchblutung. Das Gegenteil passiert beim warmen Duschen, weshalb auch ein Wechsel zwischen warmem und kaltem Wasser ratsam ist. Ein paar Minuten schon stärken erheblich das Immunsystem, denn durch das plötzliche Schließen der Poren wird das Eindringen von Krankheitserregern in die Haut verhindert. Es verbessert sogar das Haut- und Haarbild. Und nicht zuletzt: So eine eiskalte Dusche am Morgen macht auch das verschlafenste Gemüt so richtig wach.

Sag *Lebe wohl* zu deinen nächsten Erkältungen. Die Zeit, die du sonst mit schlechter Laune und einer fetten Erkältung im Bett verbracht hättest, kannst du nun auf dein Zeitkonto packen und damit eine schöne Reise unternehmen, Freunde besuchen oder einen Russisch Kurs belegen.

Die kalte Dusche oder das Eisbad ist nicht nur für deinen Körper gesund, sondern auch für deine Psyche. Den Hahn kalt aufzudrehen, ist eine Überwindung. Es ist so schrecklich unangenehm, hat man sich doch gerade erst aus dem flauschigen Bett gepult. Doch mit dieser eiskalten Dusche springst du aus deiner Komfortzone – und zwar jeden Morgen. Der kurze Brr-Moment erinnert dich Tag für Tag daran, dass du alles schaffen und jede Herausforderung bewältigen kannst, egal, wie unangenehm sie sein mag. Du verweilst nicht am gleichen Ort, nur weil es so schön gemütlich ist. Du verlässt bewusst immer wieder deine Komfortzone, um über dich hinauszuwachsen. Der kalte Schauer wird dich für unangenehme Situationen rüsten, dich stärker machen (geistig und gesundheitlich), und außerdem wird er dich knallhart aufwecken. Mit der Energie und deinem wachen Verstand gehst du den Tag ab jetzt mit hundert Prozent Power an.

Kälte gegen den Schmerz.[21]
In der Schmerztherapie werden Kältekammern genutzt, um von einem körperlichen Schmerz abzulenken. „Die Kälte stellt eine Art von Reiztherapie dar. Man muss sich das so vorstellen: Wenn ein Körper mehrere Schmerzreize empfängt, dann kommt es im zentralen Nervensystem dazu, dass nur eine gewisse Menge an Schmerz verarbeitet werden kann (…)“, so Prof. Dr. Herbert Kellner, Facharzt für Innere Medizin, Neuwittelsbach. Die Kälte tut allerdings nicht weh. Die extremen Minusgrade in der Kältekammer regen die Kälterezeptoren im gesamten Körper an und senden dann eine Vielzahl von Signalen ans Gehirn weiter, was zu einer Reizüberflutung führt. Das Resultat: Das Gehirn *vergisst* den ursprünglichen Schmerz.

Dusche kalt. Nicht lauwarm, richtig eiskalt. Ebenso gut ist eine Wechseldusche aus heißem und kaltem Wasser. Lieber zwei Minuten am Tag unter der Dusche frieren, als wochenlang mit einer Grippe im Bett liegen, sich langweilen und elend fühlen. Wenn du mehr zu dem Thema wissen willst, dann sieh dir Anleitungen zum Eisbaden nach der Kneipp- beziehungsweise Wim-Hof-Methode an.

Hol dir Eis am Stiel!

Weshalb wir raus müssen aus der Box

Der Pessimist sieht in jeder Möglichkeit ein Problem.
Der Optimist sieht in jedem Problem eine Möglichkeit.
– Winston Churchill

„Und was macht man dann damit?“ – Ist dir diese Frage auch schon des Öfteren im Laufe deines Lebens begegnet? Haben dich etwa deine Großeltern mit Unverständnis angesehen,

als du sie darüber informiertest, dass du nun Anthropologie, Onomastik oder Kristallographie studieren würdest?
Ich höre diese Frage immer wieder, wenn ich offenbare, dass ich einen Abschluss in Germanistik und Neurowissenschaften gemacht habe. Eine typische Small-Talk-Frage, auf die ich selten eine befriedigende Antwort parat habe.
Um mich nicht selbst zu langweilen, lasse ich mir jedes Mal eine andere Antwort einfallen. Gern darf es auch mal ein Scherz sein. Dass ich aus purem Interesse studiert habe, hat nie die Erwartungen meiner Gesprächspartner erfüllt. Als mir ein neuer Arbeitskollege dieselbe Frage stellte, antwortete ich: „Ich will viel Geld verdienen. Ich könnte mir vorstellen, Schüler und Abiturienten zu coachen. In meinen Workshops könnte man gemeinsam herausfinden, worin ihre Talente liegen und ob ein Studium wirklich das Richtige für sie sei." „Damit wirst du aber nicht reich!", konterte er ganz ernst. „Abiturienten haben doch kein Geld, um deine Workshops zu bezahlen!" Da fiel mir auf, dass er eine beschränkte Sichtweise auf die Dinge hatte und auf sein Inside-the-Box-Wissen zurückgriff. Hätte er nicht das Problem im Fokus seiner Überlegungen gehabt, sondern die Suche nach der Lösung, wäre er vielleicht auf die Idee gekommen, dass es EU-Fördergelder für Jungunternehmer und Bildung gibt, oder dass sowohl wohlhabende Eltern als auch engagierte Schulleiter gewillt sein könnten, Fortbildungsmaßnahmen für ihre Kinder und Schüler finanziell zu unterstützen. Man hätte parallel einen Online-Kurs starten und durch die Anzahl der Teilnehmer den Gewinn maximieren können. Mein Kollege aber dachte: Schüler -> hat wenig Geld -> kann Workshop nicht bezahlen.

Fun fact: Kuriose Studiengänge: An der Universität Kassel kann man Promenadologie studieren. Das ist die Wissenschaft des Spazierengehens.

Die Denkweise meines Kollegen ist zwar nicht ungewöhnlich, aber leider höchst destruktiv. Stürzt man sich direkt auf das Problem, schränkt man seine Wahrnehmung ein und verliert Alternativen aus dem Auge. Frustration und Verbitterung sind nicht selten das Ergebnis solcher Denkmuster. Schwierig ist der Weg hinaus aus der *Box*. Er ist möglich, sofern man bereit ist, seinen Horizont zu erweitern.
Simon Sinek, ein genialer und erfolgreicher Autor, Redner und Unternehmensberater aus Amerika, unterteilt die Menschen gern in zwei Gruppen: die, die das Ziel sehen, und die, die das Hindernis sehen. An dieser Stelle möchte ich ein Beispiel aus seiner Rede in leicht abgewandelter Form wiedergeben.

Siehst du immer nur Hindernisse?

Stell dir vor: An einem herrlichen Samstagmorgen gehst du mit deiner Freundin im Park joggen, die Sonne lacht euch ins Gesicht, euch wird warm, und nach einer Stunde Dauerlauf werdet ihr langsam durstig. Ihr entdeckt einen Fruchteisstand, an dem die Erfrischungen am Stiel für Marketingzwecke kostenlos an die Parkbesucher verteilt werden. Prima, denkt ihr, und macht gerade Anstalten, euch in die Warteschlange an durstigen Parkbesuchern einzureihen, als deine Freundin erste Zweifel überkommen und sie es sich doch anders überlegt. „Lass mal lieber. Siehst du nicht, wie viele Leute in der Schlange stehen? Da warten wir bestimmt eine Ewigkeit."
„Ja, aber ... das Eis! Hier, und außerdem ist es gratis!", entgegnest du erwartungsvoll. Deine Freundin verzieht die Miene und schüttelt den Kopf. Bis sie an der Reihe ist, ist das Eis bestimmt schon restlos an andere durstige Menschen verteilt worden, und sie hätte dann völlig umsonst wertvolle Minuten ihres Lebens beim Anstehen verplempert.
Merkst du, worauf ich hinauswill? Deine Freundin hat ihr Ziel aus den Augen verloren, weil sie nur das Hindernis (viele Menschen, die ein Eis haben wollen) sehen konnte, während du dich

auf das Ziel (ein kostenloses Eis an einem heißen Tag) fokussiertest, ohne dabei dem Hindernis großartige Beachtung zu schenken. Wer, denkst du, sind die erfolgreicheren Menschen? Die, die sich auf das Ziel, oder die, die sich auf die Hindernisse konzentrieren? P.S.: Das Eis hat köstlich geschmeckt.

Opfere dein Ziel nicht den möglichen Hindernissen. Manche Menschen empfinden eine wahrhafte Ohnmacht, wenn sie an ihre Probleme denken. Stelle dich voller Elan neuen Herausforderungen und suche für jedes Problem mehrere potenzielle Lösungen. Hindernisse zu verdrängen, ist genauso schlecht, wie sich von ihnen demotivieren zu lassen. Sei dir immer bewusst: Hindernisse sind Herausforderungen, die du dankend annimmst, denn sie stärken dich und bringen dir wertvolle Erfahrungen. Sie hindern dich nicht daran, dein Ziel zu erreichen.

Mach keinen Bananenbrei!

Menschen können lügen.
Wieso lügen sie dann nicht die ganze Zeit?

Die Lüge ist wie ein Schneeball:
Je länger man ihn wälzt, desto größer wird er.

– Martin Luther

Menschsein bedeutet auch, sich an einem gigantischen Repertoire an Lügengeschichten bedienen zu können. Aber wann entscheiden wir uns für die Wahrheit und wann für die Lüge? Und wieso lügen wir nicht die ganze Zeit?
Ich bin ein sehr unordentlicher Mensch. Als Kind stopfte ich alles, was ich finden konnte, in meinen Schulranzen, wobei meistens die wichtigen Hefte zu Hause blieben und ich deshalb ständig Ärger bekam. Irgendwann fing ich an, auch mein Pausenbrot zwischen die Hefte zu stopfen. Wenn ich es nicht aufaß, dann

blieb es einfach in den Tiefen meines Rucksacks liegen, begraben unter Papierschnipseln, Stiften und zerfledderten Büchern. Da ich nicht nur Schulbrote, sondern auch Obst dabeihatte, mischte sich bald ein unangenehmer Geruch von alten Bananen und vergammelten Äpfeln zu den verschimmelten Broten. Ich bekam ein schlechtes Gewissen, wusste dieses aber gekonnt zu verdrängen. Irgendwie wusste ich, dass der Umstand nicht mehr zu retten war. Was ich tat? Ich ignorierte das Massaker einfach und hoffte, dass ich das restliche Schuljahr unbemerkt überstehen würde. Dem war nicht so. Meine Lehrerin überraschte uns eines Tages mit der glorreichen Idee, während des Unterrichts unsere Schulranzen aufzuräumen. Alle kramten wie wild in ihren Taschen herum und ordneten einzelne Blätter, während ich bewegungslos vor meinem Ranzen sitzen blieb. „Bist du schon fertig?", fragte mich meine Klassenlehrerin erstaunt. Ich nickte, in der Hoffnung, sie würde nicht weiter nachhaken. Natürlich glaubte sie mir nicht. Sie wies meine Klassenkameradin an, mir beim Aufräumen meiner Schultasche zu helfen. Das arme Mädchen öffnete den Verschluss, und dann passierte es. Ein übler Gestank strömte ihr direkt in die Nase, und sie verzog das Gesicht. „Iiiihhh", schrie sie zu Recht, und ich versank im Boden vor Scham. Die nächste Viertelstunde musste ich zusehen, wie das Mädchen den Bananenschimmelbrotbrei aus den Ritzen meiner Schulhefte kratzte.
Warum erzähle ich dir das? Das war einer der unangenehmsten Momente meines Lebens. Vielleicht kann man es mir verzeihen, weil ich noch ein kleines Kind war. Aber als Erwachsener zu lügen, ist wirklich nicht cool. Auch wenn es sich nur um eine winzige Lüge handelt. Hast du das Vertrauen einmal verloren, bekommst du es nie wieder zurück. Wichtig ist aber: Bananenbrei machen, das passiert jedem einmal. Steh dazu und beseitige ihn selbst so schnell wie möglich. Lass ihn nicht am Boden deines Gewissens vermodern, du kannst ihn nicht für immer verstecken. Der Gestank wird immer schlimmer, und irgendwann kommt er schwallartig ans Tageslicht.

Aber warum lügen Menschen überhaupt? Wäre es nicht ein viel einfacheres Leben, wenn wir alle immer und ständig die Wahrheit sagen würden? Oder sind Lügen eine geniale göttliche Erfindung, um uns Menschen auf Trab zu halten?

Warum lügen wir?

Lügen hat evolutionäre Gründe. Würden wir Fragen wie „Hey, gefällt dir mein neuer Anzug?" oder „Wie hat dir mein Essen geschmeckt?" immer wahrheitsgemäß beantworten, so würden wir den ganzen Tag mit unnötigen Diskussionen zubringen. In einer Studie von Daniel Langleben, einem Psychiater der Universität von Pennsylvania[22], fand man heraus, dass die Hirnareale, die für Emotionen und Konflikte verantwortlich sind, wie ein Feuerwerk loslegten, sobald jemand die Unwahrheit sprach. Sagte jemand die Wahrheit, waren diese Areale still, nur im Sprachzentrum konnte man eine erhöhte Aktivität feststellen. Lügen ist ein bewusster Vorgang. Interessant ist aber nicht, dass wir lügen, sondern weshalb wir nicht *viel mehr* lügen. Die Wahrheit zu sagen, ist ein allgemeingültiger Wert, den wir als tugendhaft und erstrebenswert empfinden. Somit erlauben wir uns selbst gelegentlich kleine Notlügen und stibitzen mal hier mal dort den einen oder anderen Kugelschreiber (das tut dem überteuerten Vier-Sterne-Hotel bestimmt nicht weh). Es fällt uns unglaublich schwer, dauernd zu lügen oder große Mengen zu klauen, denn dann müssten wir uns vor uns selbst rechtfertigen und hätten eventuell sogar jemandem geschadet. Es geht hier allein um unser eigenes Ermessen, unser Bild von Fairness.
Wenn wir glauben, dass eine kleine Lüge niemandem wehtut oder dem reichen Geschäftsmann die zwanzig Euro weniger in seinem Portemonnaie nicht einmal auffallen werden, beruht das auf unserer persönlichen Annahme. Dauerhaftes Lügen und/oder Stehlen ließe sich mit unserem Gewissen nicht vereinbaren, weshalb wir nur dann lügen, wenn es unbedingt notwendig ist, es uns einen unangenehmen Moment erspart

oder wir einen Vorteil aus der Situation ziehen können. Aber was wäre, wenn unser Gegenüber uns einfach die Wahrheit sagen würde, so unangenehm sie auch sein möge? Wie wäre es, wenn unser Freund sagen würde: „Sei mir nicht böse, aber dein Essen schmeckt mir einfach nicht" oder „Entschuldige, aber wir sind einfach so verschieden, ich glaube, wir sollten getrennte Wege gehen" oder „Tut mir leid, aber das ist mir einfach zu teuer". Würden wir dieser Person nicht erst recht Respekt zollen und sie für ihren Mut, ihre ehrliche Meinung zu vertreten, bewundern? Und was wäre, wenn wir selbst diese Person wären?

Willst du von deinem Geschäftspartner, Freund oder Partner angelogen werden? Nein? Dann flunkere auch nicht selbst herum, sondern sag stets die Wahrheit. Sie kann manchmal wehtun, aber das tut die Lüge letztendlich auch. Ehrliche Menschen werden geschätzt. Fragt dich dein Chef, ob du mit der neuesten Software vertraut bist, dann kannst du zum Beispiel sagen: „Nein, aber ich traue mir zu, in Zukunft mit ihr zu arbeiten." Lügen ist nicht sexy. Lügen werden immer entlarvt, früher oder später. Also schenk reinen Wein ein und bleib ehrlich. Dann kannst du abends mit gutem Gewissen einschlafen.

Sei erfolgreich!

Schreib keine To-do-Listen, schieb nichts auf, versuche nichts. Mach einfach!

> We work too hard. We try too hard.
> Don't try. Don't work. It's there.
>
> – Charles Bukowski

Don't try, zu Deutsch *Versuch's nicht einmal*, steht auf Charles Bukowskis Grabstein. Frauenheld, Säufer, Postangestellter – aber vor allem leidenschaftlicher Schriftsteller. Bukowski liebte das Schreiben. Es gehörte zu ihm wie sein Leben, das Atmen und Frauen. Obwohl seine Werke immer und immer wieder abgewiesen wurden und er sich seinen Lebensunterhalt deshalb auf dem Postamt verdienen musste, ließ er nie locker. Er schrieb einfach weiter. Direkt, zügellos, unbarmherzig, vulgär, ehrlich. Er schrieb so, wie das Leben nun einmal ist. Und manchmal drückt es dir das Gesicht ganz einfach in Erbrochenes hinein. Bukowski schrieb immer weiter. Auch noch, als seine Gedichte zum hundertsten Mal von den Verlagen abgelehnt wurden. Es schien so, als prasselten die Absagen einfach an ihm ab, als hätte er ein Schutzschild der Leidenschaft gegen sie errichtet.

To-do-Listen machen ein schlechtes Gewissen

Versuch's nicht klingt wie ein ironischer Ratschlag eines wenig erfolgreichen Künstlers. Dennoch ist Bukowskis Zitat einer der ehrlichsten und hilfreichsten Ratschläge, die ich je gehört habe. Du musst es nämlich nicht versuchen, wenn du etwas wirklich willst. Du musst dir keine To-do-Liste schreiben mit Dingen, die du dir aus welchen Gründen auch immer vorgenommen hast. Zumindest nicht, wenn es um deine Berufung geht oder um etwas, das du aus vollem Herzen erreichen willst. Wir Menschen lieben aber diese kleinen To-do-Post-its im Alltag. Tricksen wir damit etwa unseren gestressten Boss in der Kommandozentrale aus und schaffen Struktur im Chaos unserer Gedanken?
Ja! Wer To-do-Listen schreibt, der ordnet seine Gedanken sprichwörtlich. Wir erinnern uns besser an die Dinge, die noch gemacht werden müssen, als an die, die wir schon erledigt haben. Das fand man bei einem Versuch mit Kellnern heraus. Sie konnten sich an die Bestellungen, die den Gast noch nicht erreicht hatten, erinnern, aber sobald alle Gäste bedient waren, wussten sie nicht mehr, wer was zuvor geordert hatte. Schreiben wir eine Liste, senden wir an unser Gehirn unterbewusst das Signal: schon erledigt. Tatsächlich neigen wir dann dazu

unsere Erledigungen zu vergessen. Doch für diesen Fall haben wir ja dann eine Liste, auf die wir schauen können. Praktisch ist vor allem, dass uns die To-do-Liste beruhigt. Selbst dann, wenn wir sie nicht vollständig abarbeiten.
Wer sich Tag für Tag von To-do-Liste zu To-do-Liste hangelt, läuft Gefahr, nur das zu tun, was er tun muss, anstatt das zu tun, was er tun will. Ohne To-do-Liste fallen unwichtige Dinge unter den Tisch, und man macht vielmehr die Dinge, auf die man wirklich Lust hat und die wirklich wichtig sind.
Ich schreibe mir zum Beispiel nie auf, wann ich joggen oder Russisch lernen will. Ich mache es dann, wenn es sich richtig anfühlt. Dasselbe gilt für die Arbeit. Wenn es sich nicht richtig und gut anfühlt, zu arbeiten, dann habe ich noch nicht meinen Traumjob gefunden. Dieses Gefühl bekommen wir aber nur ohne Listen.

Versuch's gar nicht erst

Charles Bukowski musste sich nicht vornehmen, Gedichte zu schreiben. Er tat es einfach. Automatisch. Wenn du dir auf eine To-do-Liste schreibst, dass du unbedingt Gitarre lernen und Unterricht nehmen willst, dann weckt das bei dir vermutlich nur ein schlechtes Gewissen, weil du es bisher noch nicht getan hast. Wenn du wirklich Gitarre spielen willst, dann tust du das einfach. Du brauchst keine To-do-Liste, die dich daran erinnert. Sie erinnert dich nur an Dinge, für die du in Wahrheit nicht wirklich brennst. Versuch's also gar nicht erst, sondern tu es oder lass es bleiben. Lebe im Hier und Jetzt und nicht in den Plänen, die du dir für die Zukunft schmiedest.
Vielleicht ist Charles Bukowski ein unkonventionelles Beispiel für jemanden, der ein erfolgreiches Leben geführt hat. Vielleicht denkst du dir auch: Wunderbar, ich wollte etwas über Erfolg erfahren, und nun erfahre ich nur etwas über einen alkoholabhängigen Frauenhelden, der die meiste Zeit seines bettelarmen Lebens bei der Post verbracht und Briefe

sortiert hat. Für mich ist Bukowski der tragische Held eines erfolgreichen Lebens. Sein Leben lang hat er das getan, wofür er gebrannt hat. Er hat nicht für Geld geschrieben. Er hat geschrieben, weil er es *geliebt* hat. Er hat sich von niemandem die Lust oder Motivation am Schreiben nehmen lassen. Er hat immer weitergemacht und niemals den Glauben an seinen Erfolg aus den Augen verloren. Ganz gleich, wie viele Niederlagen und finanziellen Engpässe er hinnehmen musste. Ganz gleich, wie viel Zeit vergehen musste. Er wollte es einfach schaffen. Und er hat es geschafft.

Tu das, was du liebst. Brenn dafür und stecke andere Menschen mit deiner Flamme der Begeisterung an. Lass dich von nichts und niemandem demotivieren und behalte dein Ziel immer vor Augen. Ganz gleich, was dabei herauskommt. Dein Weg ist dein Ziel, also wähle einen spannenden Weg. Das ist Erfolg, nichts anderes.

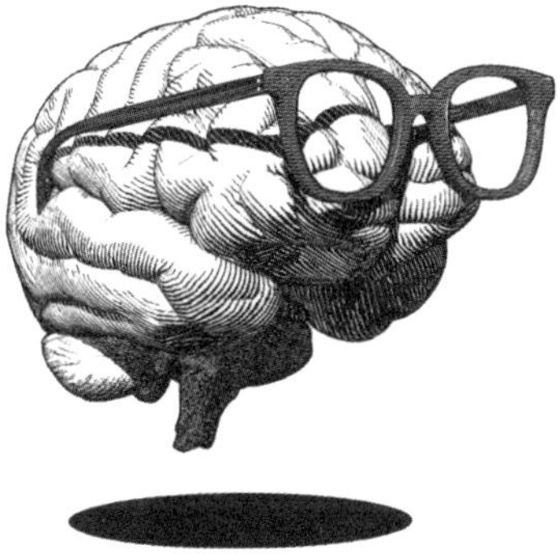

5. WAS WIR VON HIRNFORSCHERN UND PROSTITUIERTEN LERNEN KÖNNEN

Sei eine rosa Katze!

Weshalb kreative Menschen erfolgreicher sind

But out of limitations comes creativity!

– Debbie Allen

Gibt es rosa Katzen? Und falls ja, was haben sie mit Erfolg zu tun? Melanie ist sieben Jahre alt und nimmt wie alle Kinder ihrer Klasse am jährlichen Schulmalwettbewerb teil. Das Thema lautet *Mein Haustier*. Melanie wünscht sich nichts sehnlicher als ein eigenes kleines Kätzchen. Deshalb malt sie einen dicken pinken Kater und zeigt das Ergebnis stolz ihren Mitschülern. Melanies Freude über das Kunstwerk verwandelt sich schnell in Enttäuschung, als sich ihre Mitschüler und die Klassenlehrerin köstlich über das Bild amüsieren. „Katzen sind doch nicht rosa", sagen sie und lachen. Melanies gesamte Klasse findet das unorthodoxe Tier schräg und keines weiteren Blickes würdig. Eine Woche später findet man ein großes Bild von Melanie und ihrer rosa Katze in der Zeitung. Sie hat den zweiten Platz des Wettbewerbs gewonnen. Die anderen Kinder staunen nicht schlecht, als sie mit ihrem Gewinn, einem nigelnagelneuen Malkasten, den Klassenraum betritt.

Warum hatte keines der anderen Kinder in Melanies Klasse einen Preis gewonnen? Es fehlte ihnen an der Fähigkeit, über den Tellerrand, über die Grenzen des Möglichen hinauszudenken, und so malten sie alle gewöhnlichen Haustiere in Braun, Weiß oder Schwarz, die sich kaum von der Masse abhoben. Melanies Haustier war das einzige unter Hunderten, das mit einer unkonventionellen Farbe gemalt worden war. Ihr Wunsch, eine ganz besondere, kunterbunte Katze zu erschaffen, war größer als der Widerspruch zur Realität. Auf den ersten Blick empfanden Melanies Mitschüler das Bild als komisch, in Wahrheit war es jedoch außergewöhnlich – und außerhalb des Gewöhnlichen ist der Ort, an dem Genialität, Kreativität und Erfolg zu Hause sind. Aber was unterscheidet Melanie von den anderen Kindern ihrer Klasse?

Der leidenschaftliche Gehirntango macht kreativ

Sind Menschen mit einer aktiveren rechten Gehirnhälfte kreativer und innovativer als die mit einer ausgeprägten linken Gehirnhälfte? Der linken Hälfte werden üblicherweise analytische Attribute wie strategisches, logisches Denken und bewusstes Handeln zugesprochen, während sich in der rechten Abteilung unseres Hirns spielerische, kreative Prozesse abspielen sollen. Für diese Annahme gibt es aber keine ausreichenden Beweise, und leider funktioniert unser Kopf nicht so simpel, als dass man ihn eindeutig in Schwarz und Weiß beziehungsweise Rechts und Links aufteilen könnte. Die *Brutstätte der Kreativität* konnte bisher auch noch nicht lokalisiert werden, vielmehr ist ein Zusammenspiel von drei Hirnarealen für Kreativität verantwortlich: Ein leidenschaftlicher Tango zwischen dem Default Mode Network (Tagträumen, Nicht-konzentriert-Sein), dem Executive Control Network (Fokussierung) und dem Salience Network (Reaktion auf äußere Reize) sorgt für kreative Gedankenergüsse.[23] Interessanterweise agieren diese drei Bereiche im Normalfall nicht unbedingt gemeinsam, da es nicht ratsam ist, in einer Phase der Konzentration (Executive Control Network) seinen Tagträumen hinterherzuschwelgen (Default Mode Network). Stell dir vor, du hast dreißig Minuten Zeit, eine schwierige mathematische Formel zu lösen, oder präsentierst dein neues Projekt in deiner Firma, und urplötzlich tauchst du ab in Erinnerungen an den letzten Strandurlaub oder überlegst, was du zum Abendessen kochen könntest. Die Gedanken halten dich von deiner eigentlichen Aufgabe ab und irritieren dich bei der Fertigstellung kognitiv anspruchsvoller Aufgaben. Dennoch: Genau diese verrückte Kombination macht kreativ!

Anscheinend sind Melanies Gedanken beim Malen des Haustiers kurz zu ihrem rosafarbenen Barbie-Schloss abgeschweift.

Setze deiner Kreativität keine Grenzen, nur weil der Mainstream anders tickt als du. Sei mutig, deinen schöpferischen Geist zu aktivieren und aus der Masse herauszustechen. Alternativ, individuell, ungewöhnlich? Umso besser! Sei stets neugierig und folge nicht der Mehrheit, sondern suche dir deinen eigenen Weg. Bleib originell: Think outside the box!

Sei ein überglückliches Honigkucheneinhorn!

Warum wir lachen und weshalb wir viel mehr lachen sollten

Es gibt keinen Weg zum Glück. Glücklichsein ist der Weg.

– Buddha

Grimmiges Gesicht, der Blick haftet ein paar Meter vor ihm auf dem Boden. Schnellen Schrittes bewegt sich der graue Anzugträger vorwärts. „Guten Morgen!“, grinse ich ihn an, und er bleibt eine Millisekunde verdattert vor mir stehen, erwidert sprachlos meine Begrüßung, murmelt etwas vor sich hin und zieht weiter. Eine meiner Lieblingsbeschäftigungen ist es, fremde Menschen in deutschen Großstädten auf der Straße zu begrüßen. Augenkontakt? Verwerflich! Ein nettes Lächeln? Fatal! Eine herzliche Begrüßung? Wie kann man nur! Haben wir verlernt, aufgeschlossen und glücklich zu sein? Dabei ist Lachen doch so gesund. Oder nicht?

Lachyoga, das ist kein Scherz!

In Indien ist es längst keine Einzelerscheinung mehr: Das sogenannte Lachyoga hat sich den Weg zum Volkssport erkämpft, und das mittlerweile auch in Europa. Beim Lachyoga treffen sich Menschen aller Altersgruppen zum gemeinsamen Lachen und Umarmen. Das vorerst künstliche Lachen geht nach wenig Übung in ein echtes Lachen über. Was wäre das für eine Welt, in der wir einander gegenseitig begegnen, anlächeln und umarmen würden, den Bekannten wie auch den Fremden auf der Straße? Wenn wir einander gegenseitig Freiraum, Verständnis und Toleranz entgegenbringen würden? Wenn wir uns miteinander und füreinander mehr freuen würden?

Betrügen leicht gemacht: Unser Gehirn kann man manchmal ganz leicht austricksen. Es kennt den Unterschied zwischen echtem und gespieltem Lachen nicht, das heißt auch, wenn du dich mal nicht so fit fühlen solltest, lächle! Es steckt dich selbst und andere an, und aus dem unechten Lächeln wird ein echtes.

Wieso lachen Menschen?

Diese Situation kennst du bestimmt: Du siehst dir allein eine Komödie an und an manchen Stellen musst du schmunzeln. Siehst du dir dieselbe Komödie mit Freunden an, musst du viel häufiger und heftiger lachen. In Gesellschaft lachen wir dreißigmal mehr als allein – kein Wunder also, dass wir uns in Isolation schnell betrübt und deprimiert fühlen.
Wir lachen schon, bevor wir sprechen können. Wir sind soziale Wesen, und Lachen verbindet uns. An der Art, wie wir lachen, lässt sich sogar der Grad unserer Freundschaft festmachen. Wir lachen also mit einem Fremden anders als mit unserem besten Freund. In den meisten Fällen lachen wir nicht einmal über einen Witz oder eine lustige Situation, sondern nur, weil unser Umfeld gerade lacht. Gemeinsames Lachen vermittelt Harmonie: Hey, wir verstehen uns gut, alles ist im grünen Bereich. Diese Art des Understatements war früher wichtig für

unser Überleben. Trafen wir in der Steinzeit einen Fremden, mussten wir schnell klären, ob er eine Bedrohung darstellte und mit wem er noch verbündet war.

Fun fact: Wissenschaftler haben herausgefunden, dass der Orbitofrontale Cortex (Emotionen, Belohnungszentrum, Entscheidungsprozesse) aktiviert wird, sobald man eine lächelnde Person sieht. Mit anderen Worten: Sehen wir eine lächelnde Person, fühlen wir uns selbst dafür belohnt.[24]

Was bringt uns zum Lachen?

Lachen ist ansteckend. Es reicht, dass unser Gegenüber lacht, und wir lachen mit. Wir lachen aber auch über Witze. Überrascht uns ein Witz mit seiner Pointe oder hören wir etwas ganz anderes als das, was wir erwartet haben, dann prusten wir los.

Wo sitzt unser Humor?

Es gibt vermutlich nicht die eine Region, die für unseren Humor verantwortlich ist. Zwar fand man bei einer Hirn-OP heraus, dass die Patientin immer lachen musste, sobald ein zweimal zwei Zentimeter kleiner Bereich in ihrer linken Gehirnhälfte stimuliert wurde, was darauf schließen ließe, dass diese Region fürs Lachen verantwortlich ist. Allerdings zeigte sich ein anderer Bereich immer besonders aktiv, wenn Humor verarbeitet wurde. Je nachdem, weshalb man lacht, sind unterschiedliche Hirnareale aktiv. Bei einem Wortwitz beispielsweise sind die Areale für Sprachverarbeitung aktiver als andere.

Lachen will gelernt sein
Im Studiengang Gelotologie (von Griechisch *gelos = das Lachen*) beschäftigen sich Wissenschaftler mit dem Phänomen Lachen.

Wer zuletzt lacht, lebt am längsten?

Ja! Lachen ist die beste Medizin, heißt es. Das wurde nun von Forschern bestätigt. Wir nehmen beim Lachen besonders viel Sauerstoff auf und setzen Endorphine frei. Der Stress des Tages wird weggeblasen, wir fühlen uns entspannt und glücklich. Lachen stärkt nachweislich die Immunabwehr und das psychische Befinden.
Hier nochmal eine fröhliche Dusche an Gründen, weshalb Lachen so toll ist:

- Es macht dich attraktiver.
- Es verbessert deine Laune und die Laune der Menschen, die dich umgeben.
- Es reduziert Stress.
- Es lässt deinen Körper mit Dopamin, Endorphin und Serotonin überschütten. Besonders Endorphine wirken wie Schmerzmittel und sorgen dafür, dass es dir auf natürliche Weise gut geht.

Jetzt kommen wir zu dir. Du bist kein grimmiger, mies gelaunter Mensch. Du erlaubst dir, glücklich zu sein und fremde Menschen auf der Straße anzugrinsen, so oft du willst. Du bist aufgeschlossen. Du bist ein vor Freude triefendes, überglückliches Honigkucheneinhorn, das durch die Welt galoppiert und mit Regenbögen um sich wirft. Es gibt nicht einen einzigen Grund, weshalb du das nicht tun solltest.

Geh aufs Klo!

Was ein sauberes WC mit Dankbarkeit zu tun hat

Ich beklagte mich immer darüber, nicht genügend Schuhe zu haben, bis ich einen Mann ohne Füße traf.

– Aus The *happiness manual* von Aruna Joshi

In Nepal ist jeder Gang zur Toilette eine Odyssee. Die sanitären Anlagen sind für jemanden, der den bequemen weißen Stuhl aus Deutschland gewohnt ist, eine Schmach. Ein dreckiges, stinkendes Loch im Boden, umringt von Urinresten diverser Generationen. In der Ecke lauern Spinnen, die darauf warten, das nackte Bein des Klogängers emporzuklettern, wenn er nur lange genug in der Hocke über dem WC verweilt.
Häufig verkniff ich mir den nächtlichen Toilettenbesuch, da die Wahrscheinlichkeit, im Dunkeln das Loch zu treffen, verschwindend gering war. Eines Abends konnte ich den Tee jedoch nicht mehr bei mir behalten, setzte mir eine Stirnlampe auf und suchte mir den Weg zum Abort. Auf dem Flur blendete ich aus Versehen eine Fledermaus, die von dem plötzlichen Lichtstrahl anscheinend so irritiert war, dass sie bei dem Versuch wegzufliegen orientierungslos immer wieder gegen meine Brust knallte. Erschrocken von dem ungewöhnlichen Verhalten der Fledermaus rannte ich, die Arme über meinem Kopf verschränkt, Richtung Toilette und schloss die Tür hinter mir. In der Ecke des Raumes nahm ich eine große Spinne wahr, die zum Glück bewegungslos auf ihrer Position verharrte. Es stank fürchterlich und der Boden war nass (ob nun von Wasser oder Urin, wollte ich in dem Moment nicht wissen). Ich ging in die Hocke und rutschte sofort weg. Um mich abzufangen, stützte ich mich geistesgegenwärtig mit meiner rechten Hand ab, die direkt im Klo landete. Am Rand des Lochs saß eine dunkle, wurmartige Masse, die sich nach meinem Po ausstreckte. Es war ein Blutegel, der zum Biss ansetzte. Ich unterbrach den Strahl für einen kurzen Moment und musste feststellen, dass

die Hälfte des Urins nicht in das Loch unter mir, sondern an meinen Beinen entlang direkt in meine Schuhe geflossen war. Auf dem Weg zurück ins Schlafzimmer ballerte noch ein paarmal die desorientierte Fledermaus gegen meinen Kopf, und ich ließ mich keuchend auf mein Bett sinken.
Okay, mal im Ernst, warum erzähle ich das? Diese ekelhafte Erfahrung sollte meine Privatsache bleiben, richtig? Aber seit dieser Erfahrung hat sich in mir eine Dankbarkeitsmaschinerie in Gang gesetzt. Ich freue ich mich jedes Mal, wenn ich ungestört auf ein sauberes, spinnen- und fledermausfreies WC gehen kann. Es macht mich einfach glücklich, dass ich dabei weder ins Klo greife, weil ich auf dem klitschnassen Boden ausgerutscht bin, mich nicht vor Blutegeln in Acht nehmen muss oder mir der bestialische Gestank der Hinterlassenschaften meiner Vorgänger die Nasenhaare wegätzt. Nein, ich kann einfach still und gemütlich mein Geschäft verrichten. Selbst Raststätten WCs können mich nicht mehr aus der Fassung bringen. Für diese Erfahrung bin ich sehr dankbar. Ich freue mich auch darüber, wenn ich den Wasserhahn aufdrehen und frisches, sauberes Wasser daraus trinken kann. So viel ich will! Dafür opfere ich nicht mehrere Stunden meines Tages, weil ich von einer Wasserstelle schwere Kübel auf meinem Kopf nach Hause balancieren muss. Es kommt einfach aus der Leitung! Ich brauche nur auf einen Schalter zu drücken, und schon habe ich Licht (und muss nicht mit einer Stirnlampe bewaffnet nachts die Toilette aufsuchen). Ist das nicht einfach nur wundervoll?

Wir empfinden chronisch zu wenig Dankbarkeit

In unserem Alltag geraten diese kleinen Wunder allzu häufig in Vergessenheit. Wir hetzen von Termin zu Termin und sehen alles um uns herum – Gesundheit, Kleidung, Essen – als selbstverständliche Größen an. Die einzige Möglichkeit, für diese Dinge Dankbarkeit zu empfinden, ist das Stehenbleiben. Verharren wir in einem Moment, unterbrechen wir das Gehetze

von A nach B, dann erst können wir realisieren und wahrnehmen, was uns umgibt. Dann erst können wir Momente würdigen und tiefe Dankbarkeit für sie empfinden.
Forscher empfehlen, den *Dankbarkeitsmuskel* zu trainieren und ein Tagebuch zu führen, in dem Momente der Dankbarkeit festgehalten werden. Als Menschen empfinden wir evolutionsbedingt chronisch zu wenig Dankbarkeit und sind automatisch auf aufziehende Gefahren sensibilisiert. Der Fokus auf das Negative um uns herum ist unser Standardprogramm im Kopf, um zu überleben. Wie können wir *positiv* statt *negativ* zu unserer Grundeinstellung machen? Was einst überlebenswichtig war, trägt heute zur seelischen Verkümmerung bei. Wir müssen lernen, uns auf schöne Erlebnisse im Alltag zu konzentrieren, damit Positives nicht zur Selbstverständlichkeit und somit ignoriert wird. Helfen soll dabei ein *Dankbarkeitstagebuch*, in dem man jeden Tag kurz festhält, was besonders viele positive Emotionen in einem hervorgerufen und was man als besonders wertvoll wahrgenommen hat. Man setzt sich also bewusst ein paar Minuten hin und reflektiert über das Schöne im Leben.
In drei Studien fanden die Psychologen Dr. Robert A. Emmons von der Universität Kalifornien und Dr. Michael E. McCullough von der Universität Miami[25] heraus, dass das Führen eines Dankbarkeitstagebuchs über einen Zeitraum von zehn Wochen wahre Wunder bewirkt. Die Studienteilnehmer, die ein Tagebuch geführt hatten, hoben sich deutlich von den Gruppen ab, die neutrale Erlebnisse schriftlich festhielten oder sich auf negative Geschehnisse fixiert hatten. Die Probanden der Gruppe Dankbarkeitstagebuch empfanden mehr Lebensfreude und Optimismus, sie fühlten sich vitaler und fitter als die Kontrollpersonen. Außerdem schliefen sie länger und mussten seltener zum Arzt als früher. Physische Probleme wie Kopf- oder Bauchschmerzen hatten sich verflüchtigt. Laut der Wissenschaftlerin Barbara Fredrickson führt gelebte Dankbarkeit zu weiteren positiven Effekten wie gesteigerter Kreativität, sozialer Integration und seelischer Widerstandskraft.[26]

Dankbarkeit kann das Gehirn umstrukturieren

Dankbarkeitsübungen stärken nachweislich das Herz und schlagen wie Antidepressiva bei leichten bis mittelschweren Depressionen an.[27] Sie wirken sogar präventiv auf Verstimmungen und Unwohlsein, da Frustration, Angst und Neid mit Dankbarkeit nicht koexistieren können. Hat sich Dankbarkeit erst einmal fest im Bewusstsein verankert, ist es fast unmöglich, negative Gefühle zu empfinden. Die Folge? Strahlender Optimismus, Zufriedenheit und ein gesundes Herz.

Fun fact: Psychologen der Leuphana Universität Lüneburg haben eine Handy-App und ein Online-Training mit Dankbarkeitsübungen ins Leben gerufen. Nach ihrer Ansicht sollte Dankbarkeit geübt werden wie Malrechnen oder Klavierspielen. Sie sollte zur Routine werden. Besonders interessierte die Entwickler der App, wie sich das Training auf Menschen mit Sorge- und Grübelneigung auswirken würde. Das Ergebnis verblüffte sie sehr: Nachweislich wurden die Grübeleien und Sorgeattacken der Probanden reduziert.

Die Wissenschaftler um Dr. Kini machten den Einfluss von Dankbarkeit auf den Menschen in einem Experiment 2016[28] sogar sichtbar: Dreimonatige Dankbarkeitsübungen hatten zu einer positiven neuronalen Umstrukturierung im menschlichen Gehirn geführt. Sind das nicht großartige Neuigkeiten? Wir brauchen keine Pillen oder Shoppingausflüge, um glücklich zu sein. Wir müssen lediglich einmal am Tag darüber nachdenken, was uns glücklich macht und wofür wir dankbar sind. In meinem Fall ist das ein sauberes Klo. Was ist es bei dir?

Achte heute darauf, welche Kleinigkeiten du im Alltag normalerweise missachtest oder als selbstverständlich hinnimmst. Hat dir jemand die Tür aufgehalten, hast du dich über deinen leckeren Café gefreut oder bist du glücklich, weil du früher Feierabend machen und in der Sonne sitzen konntest? Schreibe einmal am Tag auf, wofür du besonders dankbar bist in deinem Leben, und teile deine Gedanken mit Freunden und deiner Familie. Es kostet nicht viel Zeit und bewirkt wahre Wunder!

Sei nackt!

Wieso der erste Eindruck wirklich zählt

Um aus Shakespeares Hamlet
Akt 4, Szene 5, Vers 28 zu zitieren:
Nein!

– W. Shakespeare

Sei nackt! – aber nur zu Hause! Niemand hat etwas dagegen, wenn du zu Hause nackt durch die Flure rennst und Fotos zum eigenen Vergnügen schießt. Aber Nacktbilder im Internet? Ungepflegt und unpünktlich zum Vorstellungsgespräch? Was hat es mit dem ersten Eindruck wirklich auf sich und haben wir vielleicht eine zweite Chance, ihn geradezubügeln?

Meine Kollegin erkannte im Laufe des Studiums, wie sehr ihr die akademische Welt gefiel. Sie war eine kluge Frau, die trotz Aufmerksamkeitsstörungen eine Promotion in Gehirnforschung anstrebte. Noch während der Vorlesungszeit bewarb sie sich an etlichen Universitäten für eine Doktorandenstelle. Deprimiert kassierte sie eine Absage nach der anderen.

Während es bei den anderen Kommilitonen eine Zusage nach der nächsten regnete, ging sie regelmäßig leer aus. Langsam fragten wir uns, weshalb sie nie eine Zusage bekam. An einem verregneten Nachmittag in der Uni-Cafeteria erzählte sie mir, dass sie Nacktfotos von sich ins Internet gestellt hatte und nebenbei als Prostituierte arbeite. Ich tippte ihren Namen in eine Suchmaschine ein und tatsächlich tauchten sofort Unmengen an anrüchigen Fotos auf, die unwiderruflich im Internet vor sich hin dümpelten. Nicht nur die Doktorandenstelle war ihr damit verwehrt, auch auf dem freien Markt würde es schwierig für sie werden, eine Stelle zu bekommen.

Sei nackt! – aber nur zu Hause!

Was genau hatten die Nacktfotos mit der fachlichen Kompetenz meiner Kollegin zu tun? Nichts. Aber sie implizieren mangelnde Professionalität. Zukünftige Arbeitgeber achten nicht nur auf Zeugnisse, sondern auch – besonders in Zeiten von Instagram und Co. – auf die Internetpräsenz. Somit konnte meine Kommilitonin die Aussichten auf eine Doktorandenstelle erstmal an den Nagel hängen.
Hast du deinen zukünftigen Arbeitgeber oder Partner noch nicht durch dein Auftreten im Internet abgeschreckt, gilt es, ihn im persönlichen Treffen von deinen Qualitäten zu überzeugen. Der erste Eindruck sollte dabei perfekt sein.
Meine Bekannte Anne beschwerte sich einmal darüber, dass sie bei einem Bewerbungsgespräch abgelehnt wurde. Sie regte sich höllisch darüber auf. Sie verstand nicht, weshalb die Chefs sich für eine andere Person entschieden hatten. Anne stank, trug zerfetzte Klamotten, hatte immer fettige Haare und war stolz darauf, der Gesellschaft auf der Tasche zu liegen. Der erste Eindruck von ihr war katastrophal. Es war also kein Wunder, dass sie bei Bewerbungsgesprächen kategorisch abgelehnt wurde. Sicherlich hatte sie gute Abschlussnoten und war ein freundlicher Mensch, doch ihre optische Erscheinung ließ ihre positiven Eigenschaften im Keim ersticken.
Manche Menschen ergattern jede Stelle und andere scheinbar keine. Liegt das alles am ersten Eindruck?

Hundert Millisekunden für den ersten Eindruck

Warum ist der erste Eindruck so wichtig?
Lernen wir einen Fremden kennen, entscheiden wir in kürzester Zeit, ob wir ihn mögen oder nicht. Das hat nichts mit den Kompetenzen des Gegenübers zu tun, es sind Äußerlichkeiten, Gerüche und Erinnerungen, die die Entscheidung für uns treffen. Beim ersten Eindruck sind besonders zwei Hirnareale aktiv: die Amygdala, die sich um die Verarbeitung von Emotionen und Erinnerungen kümmert, und der PCC, in dem sich rationale Denkprozesse abspielen. Wir verknüpfen also Erinnerungen an ähnliche Situationen mit unseren Gefühlen und fällen daraufhin unser Urteil. Getriggert werden wir von unzähligen Eigenschaften, die wir größtenteils unterbewusst wahrnehmen. Das kann eine Geste sein, die Intonation der Stimme, ein Kleidungsstück, die Physiognomie des Gesichtes und so weiter.

Was sich in unserem Unterbewusstsein aufgrund von Erfahrungen und Erinnerungen abspielt: Der letzte dunkelhaarige Mann mit Schnauzbart war mein Mathelehrer in der achten Klasse, und ich hatte immer Angst vor ihm. Deshalb mag ich diesen Mann hier mit Schnauzbart auch nicht und fürchte mich ein wenig vor ihm, obwohl ich ihn gar nicht kenne. Oder: Die Dame hat eine ähnliche Stimme wie meine Schwester, ich empfinde sofort Sympathie und Zuneigung für sie.

Bei einem Kennenlernen haben wir nur hundert Millisekunden Zeit, unser Gegenüber von uns zu überzeugen. Das ist weniger, als ein Wimpernschlag dauert. Vergeht mehr Zeit, verfestigt sich der Eindruck, er verändert sich allerdings nicht mehr. Umso wichtiger ist es, einige Regeln zu beachten:

1. Zieh dich ordentlich an – und zwar saubere, passende, gut riechende und dem Anlass angemessene Kleidung! Wieso ist Kleidung so wichtig?
   Weil wir eine Spezies oberflächlicher Entscheider sind. Wissenschaftler haben herausgefunden, dass im Gehirn dieselben Areale aktiv sind, wenn wir entscheiden, ob ein Objekt wertig oder billig ist und ob wir einen Mensch leiden können oder nicht. Das bedeutet, dass wir bei hochwertiger Bekleidung auch direkt auf den Charakter des Trägers schließen, ganz unterbewusst. Es ist also entscheidend, ob wir angemessen gekleidet sind oder nicht.

2. Lächle – und zwar immer!
   Innerhalb von 100 Millisekunden entscheidet ein Fremder, ob er dich sympathisch findet oder nicht. Das lässt dir keine Zeit, auch nur ein einziges Wort zu sprechen. Für ein Lächeln aber reicht die Zeit.

3. Sieh deinem Gesprächspartner in die Augen! Das strahlt Selbstbewusstsein aus. Allerdings empfinden wir Blickkontakt, der länger als 3,5 Sekunden andauert, als unangenehm. Verfalle deshalb nicht ins Starren.

4. Reiche deinem Gesprächspartner bei der Begrüßung die Hand! Ja, ich weiß, es können dabei Viren und Bakterien ausgetauscht werden. Genau diese brauchen wir aber auch, um ein gesundes Immunsystem aufzubauen, und es zeigt, dass du nicht kontaktscheu bist.

5. Höre aufmerksam zu! Und lass dich auf gar keinen Fall von deinem Handy ablenken!

6. Sei großzügig und zuvorkommend. Das zeigt, dass du selbstständig und vorausschauend arbeiten kannst.

7. Achte auf deine Haltung! Deine Körperhaltung fällt wieder in die hundert Millisekunden des ersten Eindrucks.

8. Sei immer ehrlich! Sag nicht zu allem Ja und Amen und trau dich zu diskutieren! Mit anderen Worten:
Sei authentisch!

9. Sei pünktlich!

10. Sei pünktlich!

11. Sei pünktlich!

Befolgst du diese elf Regeln, steht deinem Vorhaben nichts mehr im Wege.[29]

Stell keine obszönen Bilder von dir ins Internet und gehe nicht ungeduscht in ein Bewerbungsgespräch! Sei gern nackt und schmuddelig – aber nur in deinen eigenen vier Wänden. Arbeite an deinem ersten Eindruck und überzeuge durch Authentizität, Ehrlichkeit und Sympathie.

Ich denke, also bin ich!

Wie uns reine Gedankenkraft ans Ziel bringt

> Ein Traum, den Sie allein träumen, ist nur ein Traum.
> Ein Traum, den Sie gemeinsam träumen, ist Realität.
>
> – John Lennon

Schon mal von dem Gesetz der Anziehung gehört? Angeblich muss man sich nur das vorstellen, was man haben, können oder sein will – und eines Tages klappt es dann ganz von selbst. Positive Gedanken ziehen Positives und negative Gedanken ziehen Negatives an. Stimmt das? Welche Macht haben die Vorstellungskraft und der Wille des Menschen auf Denkstrukturen des Gehirns und letztendlich auf die Realität? Und woher kommt es, dass ich beim Snowboarden ausnahmslos in jeder Kurve hinfalle, bis ich eine Sekunde in mich gehe und mir ganz genau vorstelle, wie mein nächster Schwung aussehen soll?

Ich blicke den Hang hinab. Es hat minus fünf Grad Celsius, unter mir nichts als die schneebedeckte Piste. Mit wackeligen Beinen und leicht gekrümmtem Rücken stehe ich auf einem Snowboard, das ich mir vor wenigen Tagen ausgeliehen habe. „So schwer kann das doch nicht sein", habe ich mir gedacht. Zwischen diesem Gedanken und dem ersten schmerzvollen Sturz liegen nun etliche Stunden des Versuchens, Fallens und Scheiterns. Ich habe Lust aufzugeben, denn irgendwie will mir einfach keine Abfahrt ohne Sturz gelingen, und langsam bekomme ich blaue Flecken auf meinen blauen Flecken. Ich halte einen Moment inne und stelle mir vor meinem geistigen Auge vor, wie ich auf meinem Snowboard aussehen möchte, wie ich mich den Hang heruntergleiten lasse, anmutig, Kurve für Kurve bravourös meisternd. Dann denke ich daran, wie ich unversehrt unten ankomme, ohne auch nur ein einziges Mal hingefallen zu sein. Ich öffne meine Augen und fahre entschlossen los. Dieses Mal falle ich nicht.

Das Gehirn kennt den Unterschied zwischen Realität und Vorstellung nicht

Die Neuropsychologin Dr. Amy Palmer hat dazu ein paar spannende Erkenntnisse:[30] Die reine Vorstellung von Bewegungsabläufen, Gerüchen oder Geräuschen regt dieselben Mechanismen im Gehirn an, die auch dann aktiv sind, wenn man die Bewegung tatsächlich (und nicht nur im Kopf) ausführen würde, den Geruch wirklich gerade in der Nase hätte oder die Musik live hören würde.
Das Gehirn kennt also den Unterschied zwischen Realität und Vorstellung nicht. Besonders Leistungssportler nutzen dieses Wissen, um bei der nächsten Meisterschaft die Goldmedaille zu ergattern. Sie stellen sich den Wettkampf, die Arena, ihre Mitstreiter, die Gerüche, die Temperatur, die Stimmung und ihre Bewegungsabläufe bereits vor dem Wettkampf vor. Praktisch ist diese Vorgehensweise auch, wenn man Stress oder Angst

bewältigen will. Vor einer Prüfungssituation wird Schülern daher geraten, sich mit dem Szenario gedanklich auseinanderzusetzen. Man soll sich ausmalen, was schlimmstenfalls passieren kann, wo der Prüfer stehen wird und wie der Prüfungsraum aussieht. Hat sich der Schüler die Situation mehrmals vor Augen geführt, wird die echte Prüfung nicht mehr ganz so neu für ihn sein, und er kann entspannter mit ihr umgehen. Ein weiterer Grund, weshalb Visualisierung bei der Erreichung des Ziels hilft, ist die Verbindung zum Reticular Activating System (RAS). Trainiert man täglich die Visualisierung, hilft man dem Gehirn dabei, das Gewünschte im Bewusstsein zu halten. Wir werden sekündlich von einer Informationswelle überspült, deren Größe wir leider nicht gewachsen sind. Das bedeutet, dass viele Informationen einfach an uns vorüberziehen, ohne aktiv beziehungsweise bewusst aufgenommen zu werden. Haben wir aber durch gezielte Konzentration einen Fokus auf eine bestimmte Art an Information gesetzt, so schießt diese als *wichtig* etikettierte Information nicht ungefiltert an uns vorüber, sondern bleibt im Bewusstsein hängen.
Je genauer wir uns eine Sache vorstellen, desto besser. Wo, wann, wie und welche Emotionen löst sie bei uns aus? Bringt man seine Visionen auf Papier, werden sie sogar noch greifbarer als vor dem inneren Auge. Also: Auf die Piste, fertig, los!

Sei jeden Tag stolz auf dich

Hast du dennoch Schwierigkeiten, an Vorhaben und Zielen festzuhalten, dann stell dir zu Hause ein Erfolgserinnerungssymbol auf! Kennst du das, wenn man übermotiviert eine Diät oder eine neue Sportart anfängt und schon bald wieder in alte Muster verfällt? Die Diät wird beim nächtlichen Gang zum Kühlschrank eiskalt über Bord geworfen, und zum Volleyballtraining ist man auch schon lang nicht mehr erschienen. Das ist ganz normal. Am Ball zu bleiben, ist eine schwierige Sache. Deshalb ist es wichtig, jeden Tag mehrmals an sein eigenes Vorhaben erinnert zu werden. Auch an deinen persönlichen Erfolg solltest du dich tagtäglich erinnern. Hast du einen spannenden Artikel veröffentlicht, die Weihnachtsfeier souverän organisiert oder bist du ein empathischer Zuhörer? Das alles sind kleine Erfolge in unserem Leben, auf die wir stolz sein dürfen. Um sich daran regelmäßig zu erinnern, gibt es die abstrusesten Bräuche und Symbole. Bestimmt kennst du die winkende goldene Katze, die asiatische Krusch-Läden und Restaurants bewacht. Sie steht nicht zufällig da, sondern aus gastfreundlichen Gründen. Sie begrüßt das Geld, das ins Haus kommt, und soll Wohlstand bringen. Das Gleiche können auch ein Elefant, Salz unter der Fußmatte und ein Springbrunnen. Letzterer steht symbolisch für ständigen Geldfluss. Blöder Aberglaube oder echter Glücksbringer? Probier's doch einfach aus.

Nimm dir ein großes Blatt Papier und ein paar Stifte. Jetzt male dich selbst, dein Zuhause und deine Lebensumstände in fünf Jahren. Lebst du in einem großen Haus mit Garten und einem Porsche vor der Tür, mit fünf Kindern oder mit nichts von alldem? Bist du verheiratet oder lebst du allein? Hast du ein Pferd oder gar einen ganzen Pferdehof? Welche Berufe übst du aus und wie häufig verreist du? Lebst du vielleicht auf einem Hausboot oder in einer kleinen Hütte in den Bergen? Was macht dich glücklich, welche Menschen umgeben dich? Lass deiner Kreativität freien Lauf. Es ist egal, wie realistisch deine Version ist. Denk daran, dass du viele Details in dein Bild aufnimmst, die für dich besonders wichtig sind. Du kannst auch kleine Notizen integrieren. Wenn du fertig bist, dann häng das Bild auf. Irgendwohin, wo du es immer sehen kannst. Ziele zu visualisieren, ist enorm wichtig. Das Bild wird dich immer daran erinnern, wo deine Reise hingehen soll. Natürlich kannst du dein Bild jederzeit aktualisieren.

Sag's dem Spiegel!

Wie ein Gespräch mit dem Spiegelbild das Leben verändern kann

Leben ist das, was passiert,
während du eifrig andere Pläne machst.
– John Lennon

Wenn wir ab heute jeden Tag fünfzig Liegestütze machen, dann wächst peu à peu unser Armmuskel und wir werden mit der Zeit stärker. Nach einer gewissen Zeit fallen uns die Liegestütze auch nicht mehr so schwer wie zu Beginn.
Dasselbe Prinzip gilt für unsere Gedanken. Übe ich jeden Tag positives Denken und Selbstliebe, wird es mir mit der Zeit immer leichter fallen, positiv zu denken und mich selbst anzunehmen, wie ich bin.
Einst traf mich auf Reisen durch das Himalaya-Gebirge auf der Dachterrasse einer Herberge nicht nur der Anblick des atemberaubenden Annapurnas, sondern auch der der dreißigjährigen Natasha aus Kanada, einer Frau mit weißblondem Haar, die vor ihrem Laptop saß, die Wärme der Sonne genoss und mich anstrahlte. Natasha war ein Mensch, der nicht nur höflich lächelte, sondern von innen heraus strahlte. Ich lud sie auf einen Kaffee ein und fragte sie nach ihrem Geheimnis. Was machte sie so glücklich? „Ich hatte eigentlich ein perfektes Leben, einen gut bezahlten Bürojob, einen tollen Ehemann – aber irgendwie erfüllte mich das alles nicht. Also ließ ich mich scheiden und kündigte meinen Job. Seitdem reise ich durch die Welt, um zu wandern und Yoga zu unterrichten. Jeden Morgen schaue ich in den Spiegel und sage zu mir selbst: Ich liebe dich. Das klingt zwar verrückt, aber es hat mein Leben verändert. Ich bin ein ganz neuer Mensch und liebe, was ich tue."

Selbstliebe kann man trainieren

All das, was Natasha sagte, war schön. Sie wirkte so glücklich und losgelöst von allem Irdischen. Aber ist es wirklich so einfach, glücklich zu werden? Einfach alles loszulassen, Yoga zu unterrichten, gesunde Smoothies zu trinken und sich jeden Tag selbst zu sagen, dass man sich liebt?
In einer Studie der Universitäten Exeter und Oxford[31] untersuchten Forscher, wie sich liebevolle Gedanken, an die eigene Person gewendet, auf den Körper und die Psyche auswirken. Sie fanden heraus, dass die Teilnehmer, die positive und liebevolle Momente in sich hervorriefen, einen niedrigeren Puls hatten und weniger gestresst waren als die Kontrollgruppen, die entweder ihre Gedanken schweifen ließen oder an Misserfolge dachten. Selbstliebe löst einen Zustand der Sicherheit aus, unterdrückt Angst- und Stresssituationen und fördert Entspannungs- und Heilungsprozesse. Selbstliebe ist also etwas ganz Feines. Aber Achtung! Gemeint ist hier nicht die narzisstische Selbstliebe, nach dem Motto: Ich bin toll und besser als alle anderen Menschen. Gemeint ist die gesunde Liebe zum eigenen Ich, die notwendig ist, um auch andere Menschen von Herzen lieben zu können.

Bewusstsein

Unser *Ich* beziehungsweise unser freier Wille ist eigentlich ein unglaublich komplexer Bewusstseinsstrom, der aus einer Aneinanderreihung von Erfahrungen, Gefühlen und Glaubenssätzen besteht. Mönche beispielsweise versuchen gezielt, in diesen Strom einzugreifen und ihn in andere Richtungen und Sphären zu lenken. Das Gehirn ist ein Organ, also Materie,

deshalb kann man es ebenso trainieren wie den Oberarmmuskel, auch wenn es uns schwerfällt, das zu glauben. Ein Mönch, der bereits seit Jahren Meditation praktizierte, wurde in einem EEG-Experiment im Rahmen einer Dokumentation auf *Arte (Das Rätsel unseres Bewusstsein)* untersucht. Er konnte sich nachweislich durch reine Konzentration in unterschiedliche Bewusstseinszustände versetzen.

Natashas repetitives Verhalten, sich jeden Morgen selbst im Spiegel anzusehen und sich zu sagen, dass sie sich liebe, hat sie zu einem glücklichen Menschen gemacht. Ihr Training war erfolgreich. Mönche trainieren ihr Leben lang, ihre Gedanken zu kontrollieren und so andere Bewusstseinszustände zu erreichen.

Um Himmels willen, wenn du mit deinem Job und deinem Partner zufrieden bist, dann wirf nicht alles von jetzt auf gleich hin. In Natashas Fall war ein kompletter Lebensstilwechsel notwendig, um ihr persönliches Glück und den Weg zu sich selbst zu finden. Manchmal ist fast perfekt eben nicht perfekt genug. Was ich aus der Begegnung vor allem mitgenommen habe und an dich weitergeben möchte, ist ein morgendliches Ritual: Sage jeden Morgen in den Spiegel, dass du dich liebst. Sieh dir dabei tief in die Augen und verzeihe dir deine Fehltritte. Warte ab, was geschieht. Ab heute gehst du eine neue Liebesbeziehung ein – und zwar die mit dir selbst.

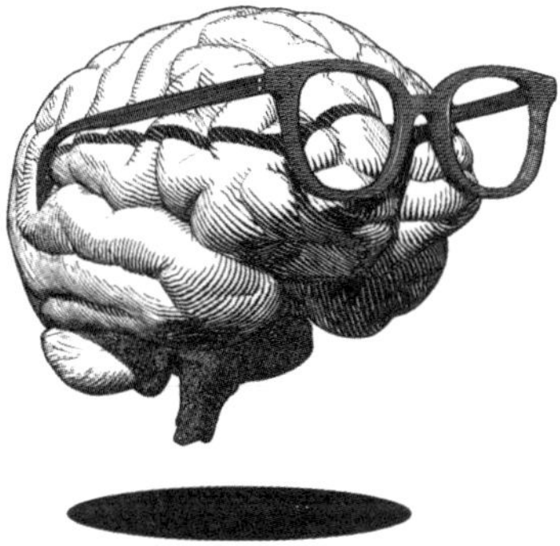

6. MIT HIRN RICHTUNG ZUKUNFT

Sei ein Rudeltier!

Warum Einsamkeit tödlich ist

> Die Einsamkeit ist schön, aber der Mensch braucht einen, der ihm immer wieder sagt, dass die Einsamkeit schön ist.
>
> – Honoré de Balzac

Welche Sprache ist die Ursprache der Menschen? Diese Frage stellte sich Kaiser Friedrich II. und wagte ein Experiment. Er ließ Neugeborene ihren Müttern wegnehmen und sie von Hebammen in Isolation aufziehen. Die Ammen durften die Babys füttern und wickeln, aber kein einziges Wort mit ihnen sprechen, geschweige denn sie zärtlich in den Arm nehmen oder liebkosen. Während Friedrich noch weiter fröhlich darüber grübelte, ob die Kinder wohl Hebräisch oder Latein brabbeln würden, starben sie. Schuld an ihrem Tod war aber nicht die Abwesenheit von Sprache, sondern der Mangel an Liebe, Fürsorge und nicht zuletzt ihre Einsamkeit. Auch Tiere können in Einsamkeit sterben. Verendet der Partner eines Elefanten, legt sich das überlebende Säugetier so lange neben seinen verstorbenen Liebsten, bis es selbst verhungert.

Derartige Experimente werden auch Kaspar-Hauser-Versuche genannt, nach dem gleichnamigen Waisenkind, das viele Jahre in einem dunklen Kellerraum ohne menschlichen Kontakt zubrachte und erstmals 1828, im Alter von sechzehn Jahren, den Dorfplatz von Nürnberg betrat. Die Versuche enden meist alle auf die gleiche Weise: mit dem raschen Tod der Versuchspersonen.

Gemeinschaft ist gut, Einsamkeit schlecht. So weit, so gut. Aber was machen wir, wenn uns die Regierung vorschreibt, isoliert zu leben?

Im Frühjahr 2020 ist genau das passiert. Eine unsichtbare Supermacht rollte über die Welt und legte große Teile des öffentlichen Lebens lahm. Viele Schulen und Läden wurden geschlossen, Veranstaltungen abgesagt, Kontakt zu Mitmenschen strengstens verboten. Das oberste Kommando lautete: Bleib zu Hause, und zwar bestenfalls allein. Treffen von mehr als zwei Personen wurden strikt untersagt; das Haus durfte nur mit triftigem Grund verlassen werden. Ein neuartiges Virus, SARS-CoV-2, breitete sich über den gesamten Planeten aus. Eine Situation diesen Ausmaßes hat es auf der Welt bis dato noch nicht gegeben. Ein Gegenmittel gab es noch nicht, der mögliche Krankheitsverlauf war ungewiss, und auch an der benötigten Menge an Mundschutzmasken haperte es einige Zeit. Vielerorts waren Menschen über Monate gezwungen, allein zu Hause zu bleiben und abzuwarten, was als Nächstes passierte. Glücklich waren diejenigen, die ein Häuschen auf dem Land besaßen, einen Partner an ihrer Seite hatten und von zu Hause aus arbeiten konnten. Aber was geschah mit den vielen Singles, die in einem acht Quadratmeter großen Zimmer saßen, ohne Balkon, und so den Frühling am kleinen Stadtfenster vorbeiziehen sahen? Die Ausgangsbeschränkungen wurden als Instrument der Regierung genutzt, um die Krankenhäuser zu entlasten und die Verbreitung des Virus einzuschränken. Das übergeordnete Ziel: So viele Todesopfer wie möglich zu vermeiden.

> Einsamkeit ist genauso schädlich wie der Konsum von 15 Zigaretten am Tag
>
> *– Der Spiegel*

Extreme Einsamkeit und Isolation führen zu psychischen Störungen, zu Depressionen, und nicht zuletzt verkürzen sie auch das Leben eines Menschen. Im Jahr 2010 fanden Forscher heraus, dass Einsamkeit einen erheblichen Einfluss auf die Gesundheit des Menschen hat. Ein einsamer Mensch starb im Schnitt ebenso früh wie ein Raucher, ein fettleibiger oder ein nicht-sporttreibender Mensch. Wir sind soziale Wesen und brauchen Liebe, Zuneigung, Wertschätzung und Körperkontakt genauso dringend wie Luft zum Atmen oder Wasser zum Trinken. Nur zu zweit kann man sich fortpflanzen, nur in einer Gruppe die Idee von Zivilisation nachempfinden. Gemeinsam erleben wir Glücksmomente. Mein Bruder bringt mich zum Lachen, und meine Freundin tröstet mich, wenn ich traurig bin. Das größte Gift dieses Glücks ist die Isolation, das traurige Dahinsiechen in der Gesellschaft von sich selbst. Den selbstzerstörerischen Mechanismus der Einsamkeit sollten wir nicht unterschätzen. Maßnahmen wie diejenigen zu Zeiten von Corona sind auf Dauer lebensbedrohlich. Sofern wir eine Wahl haben, sollten wir die Gemeinschaft immer vor den Individualismus stellen. Denn gemeinsam sind wir stark.

Nicht nur Social Distancing dank Corona, auch die Industrialisierung und die zunehmende Digitalisierung bedrohen unser Miteinander. Kinder spielen schon lange nicht mehr gemeinsam Fußball auf der Straße oder bemalen Wände mit bunter Kreide. Viele sitzen in ihrem Zimmer, antriebslos vor Computer oder Fernseher, und haben schlichtweg *keinen Bock*, sich mit ihresgleichen zu treffen. Als ich noch zur Schule ging und wegen Bauchschmerzen zu Hause bleiben musste, kam am Nachmittag eine Mitschülerin vorbei, um mit mir gemeinsam den versäumten Lernstoff aufzuarbeiten. Heute werden Arbeitsblätter einfach per E-Mail verschickt, Ostergrüße über Sprachnachrichten versendet und Weihnachtsgeschenke bei Amazon per Knopfdruck bestellt. Der direkte Kontakt zum Menschen ist dabei genauso hinfällig geworden wie die Mühe, die man sich bei einem selbst gebastelten Geschenk oder einem liebevoll geschriebenen Brief gemacht hätte.
Laufen wir Gefahr zu vereinsamen?

Wie sieht ein einsames Gehirn aus?

Wenn ich hungrig bin, reagiert mein Körper sehr stark auf Essbares. Sobald ich es in meiner Umgebung wahrnehme, schlägt mein Gehirn Alarm. Dasselbe passiert bei extremer Einsamkeit mit Menschen. Während einer Periode der Isolation sehne ich mich stark nach Nähe und freue mich übermäßig, sobald ich ein anderes Individuum treffe.
In einer Studie mit über 40 000 Teilnehmern verglichen Forscher die Gehirne sozial aktiver Menschen mit denen von Menschen, die sich isoliert und einsam fühlten. Das Ergebnis: Die einsamen Menschen hatten stärkere Vernetzungen und mehr graue Hirnmasse im Default Mode Network (DMN). Kleine Erinnerung: Das DMN ist unser Autopilot. Es wird aktiv(er), wenn sich automatische Prozesse abspielen wie etwa Zähneputzen, Autofahren, Tagträumen etc. Es ist bezeichnend für intrinsische, nicht aufgabenorientierter Gedanken.
Die Wissenschaftler vermuten, dass Alleinsein mehr nach innen gerichtete Gedanken und Gefühle zur Folge hat und man sich häufiger mit der Vergangenheit oder Zukunft beschäftigt, dafür weniger im Jetzt ist wie etwa in einer sozialen Interaktion. Deshalb ist vermutlich bei isolierten Menschen das DMN aktiver als bei sozialeren Menschen. Gleichzeitig steht eine gesteigerte Aktivität des DMN in Korrelation mit Stress, Angststörungen und Depression. Vorsicht ist also geboten: Ein paar ruhige Stunden am Tag tun uns gut. Isolation schädigt dagegen unser Wohlbefinden.

Einsamkeit steht deinem Glück im Weg. Man kann seine Freude nur verdoppeln, indem man sie teilt. Versuch manchmal, bewusst nicht mit der Zeit zu gehen, und schaffe mehr gemeinsame Momente in der analogen Welt. Eine Fahrradtour mit Freunden, ein Abend am Lagerfeuer, ein ausgedehntes Picknick mit der Familie, intensive Gespräche mit den Nachbarn und Kollegen. Geh jeden Tag mindestens einmal vor die Tür.

Lade Freunde zu dir ein, die häufig allein sind und Gesellschaft brauchen könnten. Sei dir stets bewusst, dass du ein soziales Wesen bist und dass Leben in Gemeinschaft glücklich macht.

Sei nicht smart!

Weshalb neue Technologien uns ins zwischenmenschliche Chaos stürzen können

> Das Handy fungiert als Herzschrittmacher ersterbender Gesprächskultur der Postmoderne.
>
> – Prof. Dr. Peter Cerwenka, Verkehrssystemplaner

Neuerdings sieht man todesmutige Passanten die Straße blind überqueren, ohne den Kopf nach links oder rechts zu wenden. Man sieht Wesen in schicken Cafés, die einander nicht in die Augen sehen oder sich gar unterhalten, sondern simultan auf ihre Bildschirme starren. Ihre Körper sind anwesend, ihre Geister nicht. Wie Aliens verweilen sie dort, unheimlich verschwiegen. Wie verhalten wir uns in solchen Situationen? Gibt es Normen, die uns vorschreiben, wie wir miteinander umzugehen haben? Ist dieses oder jenes Verhalten unhöflich oder mittlerweile normal? Und wer entscheidet das?

Ende des 19. Jahrhunderts schlugen viele Männerherzen höher als gewöhnlich, denn die ersten Automobile wurden auf die Straßen entlassen. Wenn man es sich leisten konnte, kaufte man sich natürlich eines dieser futuristischen Fahrobjekte – und liebte es sofort. Nicht mehr gehen müssen, sondern bequem und schnell von A nach B kommen, das war schon toll. Nach dem einschlagenden Erfolg kauften sich in den darauffolgenden Jahren immer mehr Herren einen Wagen. Noch ahnte niemand von dem großen Problem, auf das sie allesamt zurasten: viele Autos – aber keine Verkehrsregeln.

Die Fahrer fuhren einfach so, wie es ihnen in den Kram passte. Was dann passierte, war abzusehen: Ein schwerer Unfall löste den nächsten ab, Autos krachten ineinander, Menschen starben. Um ein Massaker zu unterbinden, wurde die Straßenverkehrsordnung ins Leben gerufen, und die Menschen hatten sich fortan an Fahrregeln zu halten. Unfälle konnten somit auf eine geringe Zahl heruntergedimmt werden.

Das Smartphone – Statussymbol, Gebrauchsgegenstand oder doch göttliche Instanz?

Anfang des 21. Jahrhunderts wurde kein neuartiges Fahrobjekt auf die Gesellschaft losgelassen, sondern etwas weitaus Kraftvolleres. Das intelligente und lebenserleichternde Smartphone. Das Supergadget der Neuzeit prasselte auf die Menschheit ein wie Monsunregen. Am Anfang waren Freude und Neugier groß, und natürlich versuchte jeder, sich ein solches Teil leisten zu können. iPhone 6, 7, 8 oder 100, trotzdem sind sie alle gleich, doch für das neuste Modell blättert man gern zwei Monatsmieten hin. Statussymbol oder Gebrauchsgegenstand? Irgendwie nichts von beidem, sondern vielmehr eine göttliche Instanz, bedenkt man, dass einige Menschen eher ohne ihre Liebsten auskämen, als zwei Tage von ihrem Mobilgerät getrennt zu sein.
Wer hätte ahnen können, welche Konsequenzen dieses technische Tool mit sich bringen würde? Wer hätte gedacht, dass das Smartphone Manieren revolutionieren, eigene unausgesprochene Gesetze in die Welt setzen, unser Kauf-, Denk- und Paarungsverhalten beeinflussen würde? Wer hätte gedacht, dass selbst Babys ein Smartphone bedienen können? Und wer hätte gedacht, dass dadurch unzählige Menschen beschimpft, gemobbt und belogen werden würden?

Kreischende Einsamkeit und eine Müllhalde voller Lügen?

Eine neue Art der Kommunikation hat uns erreicht, eine Kommunikation, bei der man filterlos seine Gedanken ins *World Wide Web* erbrechen darf. Der andere kann dann nach Lust und Laune in dem Erbrochenen herumstochern und sich die Schlagworte herausfummeln, die gerade zu seiner Stimmung passen. Kommentiert wird anonym. Rechtschreibung ist egal, Anstand bewahren auch. Nur aufs korrekte Gendern muss man natürlich aufpassen. Als hätten wir sonst keine Probleme, als jeden Aufsatz auf Polizist*innen und Sterbebegleiter*innen zu korrigieren. Und was ist die Quintessenz des ganzen Wahnsinns? Kreischende Einsamkeit und eine Müllhalde voller Lügen, die wie gedruckte Wahrheiten für immer ins unendliche Netz gemeißelt sind. Fakten und Meinungen werden dabei so wild vermischt, dass man sie unmöglich auseinanderhalten kann. Sie bilden die Grundlage für eine neue Religion, die auf Missverständnissen und Hass basiert und an den Endverbraucher als die einzig wahre Wirklichkeit verkauft wird.

Nuss-Nougat-Creme hat verblüffend viele Ähnlichkeiten mit Nutella

In einer Zeit zu leben, in der sich alles im Millisekundentakt ändert, eine technologische Neuentdeckung die nächste jagt und die enorme Auswahl an Produkten zur vermeintlichen Alltagserleichterung in stundenlange Grübelei ausartet, stellt uns vor einen unüberwindbaren Berg an sinnlosen Herausforderungen. Sinnlos deswegen, weil Individualismus großgeschrieben wird – Neuartigkeit aber nicht. Und so ist jedes Produkt doch irgendwie gleich. Nuss-Nougat-Creme hat verblüffend viel Ähnlichkeit mit Nutella, aber Hauptsache wir haben zehn Minuten darüber nachgedacht, welcher Frühstücksaufstrich für uns nun der richtige ist. Mithalten im Chaos der Möglichkeiten ist unmöglich. Die, die es versuchen, stranden irgendwo zwischen der Rechnung für das letzte iPhone 10 und dem weggelaserten *U and me forever* auf dem Oberarm. *Für immer* scheint ohnehin ein dehnbarer Begriff zu sein. Wir haben die Zeit nicht mehr, eine Neuerung auf uns wirken zu lassen und abzuwägen, wie man sie in das Leben integriert und mit ihr umgeht. Zum ersten Mal seit Anbeginn der Zeit sieht man Dreijährige, die auf Smartphones und Tabletts herumwischen, als bestünden sie aus Haferbrei. Aber warum ist das überhaupt schlecht?

Sind Smartphones gefährlich?

Ohne *Verkehrsregeln* beziehungsweise Nutzungsregeln sind Smartphones gefährlich. Sie machen uns abhängig, sie fördern Narzissmus, sie bieten Kindern Zugang zu Internetseiten, die sie nicht sehen sollten.
Unseren Kopf macht ein Smartphone faul und bringt unsere Neurotransmitter ins Ungleichgewicht. Wir müssen uns den Weg zur Apotheke nicht einprägen, weil wir ein Navigationssystem auf dem Smartphone haben. Eine Telefonnummer hat bestimmt schon lange niemand mehr auswendig gelernt, weil wir sie einfach einspeichern können. Wenn wir eine Information auf ein externes Gerät tippen können, freut sich unser Hirn und verfällt in Lethargie. Auf Dauer macht uns übermäßiger Smartphone-Gebrauch schlichtweg dümmer.
Das Licht des Smartphones sorgt außerdem dafür, dass wir schlechter schlafen. Werden Kinder zu häufig einem Smartphone ausgesetzt, kann das ihre Entwicklung stören.
Das Smartphone ist letztendlich nichts anderes als das Automobil am Anfang des 19. Jahrhunderts. Es ist eine einschneidende Erfindung in der Menschheitsgeschichte, die uns so lange verwirren und Schmerzen zufügen wird, bis wir die entsprechenden Verkehrsregeln aufgesetzt haben. Ohne sie irren wir weiterhin ziellos umher. Ohne sie sind wir die Junkies am Tropf, wartend auf die Intervention unser leider ebenfalls abhängigen Junky-Freunde. Zwei Dumme, kein Gedanke.

Lösche WhatsApp, Instagram und Co. Ehrlich, sie tun uns nicht gut. Klar, du denkst jetzt: Ist sie verrückt? Ich kann doch nicht einfach WhatsApp, Snapchat, Twitter, Instagram, Tinder,

Bamble, Bomble und Bumble löschen. Wie soll ich denn dann überleben? Was soll ich den ganzen Tag lang machen? Dann verliere ich ja all meine sozialen Kontakte. Wer sieht, liked und kommentiert dann noch meine schönen Selfies?
Zweifelsohne wirst du ein paar Kontakte verlieren, aber es werden die richtigen sein. Wenn du nur noch die Möglichkeit hast, zu telefonieren, Mails oder Briefe zu schreiben, wirst du merken, wer dir und wem du wirklich wichtig bist. Du brauchst nicht mehr als ein paar wenige, sehr gute Freunde, auf die du dich hundertprozentig verlassen kannst. Lass dein Smartphone einfach mal zu Hause und versuche, dich ohne Navigationssystem und Google zurechtzufinden. Wenn du nicht weiterkommst, dann sprich doch einfach einen Passanten auf der Straße an und bitte ihn um Hilfe.

Digital detox!

Wieso Homeoffice keine Dauerlösung sein sollte

Wie läuft dein Homeoffice-Tag?
– Staffel 4, Folge 6 – anonym

Corona hat vielen Menschen den Arbeitsplatz gekostet, und andere schickt das Virus auf unbestimmte Zeit ins Homeoffice. Aber was bedeutet eigentlich für uns arbeiten von zu Hause aus? Im Jahre 2019 noch völlig undenkbar, arrangieren sich die meisten von uns mittlerweile bestens mit der neuen Herausforderung: arbeiten in den eigenen vier Wänden. Es bedeutet, sein eigener Boss zu sein und sich Routinen zu schaffen: Das beginnt schon dabei, sich aufzuraffen, den Pyjama auszuziehen, sich zu waschen und erst dann mit der Arbeit vorm PC zu beginnen, Pausen einzubauen (und diese auch einzuhalten), in denen man Sport treibt, an die frische Luft geht und etwas isst. Jetzt gibt es da aber ein Problem. Das Wort *Homeoffice* ist ein Widerspruch in sich, denn zu Hause ist der Ort, an den man nach getaner Arbeit zurückkehrt, um sich zu entspannen, zu kochen oder ein Buch zu lesen. Das Büro wiederum ist der Platz, an dem wir im besten Fall im Leistungsmodus sind. Hier haben Privates und jede Art von Ablenkung (wie Kindergeschrei, ein sich türmender Wäschestapel, WhatsApp-Nachrichten etc.) nichts zu suchen.

Die räumliche Trennung von Arbeit und Freizeit ist für unsere Psyche enorm wichtig

Nicht selten kommt es vor, dass die Menschen im Homeoffice viel mehr und länger arbeiten als im Büro. Kein Wunder, der Laptop ist ja bereits aufgeklappt, da kann man ja schnell die E-Mail beantworten, auch wenn sie erst um 22 Uhr abends eingetrudelt ist. Es fällt uns unglaublich schwer, Privates von Beruflichem zu trennen, wenn beides an ein und demselben Ort stattfindet.
Andere wiederum schaffen es nicht, produktiv zu sein und sich in einen Zustand des Flows zu versetzen, weil sie permanent abgelenkt werden. Das frustriert. Ebenfalls schlecht für eine ruhige Psyche ist die Dauerpräsenz von technischen Geräten in unserem Umfeld. Die Dinger sind so produziert worden, dass sie uns abhängig machen. Natürlich möchte ich jede Frage, so irrelevant sie auch sein möge, sofort googeln. Wir müssen uns im Klaren darüber werden, dass uns das nicht guttut, auch wenn mit der Beantwortung einer Frage unsere Wissbegier kurzerhand befriedigt wurde.

Ein Leben ohne Handy?

Viele Menschen können sich ein Leben ohne Smartphone heute gar nicht mehr vorstellen, obwohl das vor 10 bis 15 Jahren noch die Norm war. Wie haben wir da eigentlich überlebt – ohne Lieferando, Alexa, WhatsApp, Tinder und Deezer? Musik hat man im Radio gehört, statt Navi gab es Landkarten, und geflirtet

hat man am Strand, im Café oder in der Bar. Wenn wir ehrlich sind, müssen wir zugeben, dass es eigentlich nichts auf dem Smartphone gibt, das wir zu unserem Überleben brauchen. Dafür nimmt es uns unsere Freiheit, unsere Freizeit und unseren eigenen Willen.
Der Sinn der Digitalisierung ist es, die Arbeit zu vereinfachen und auf diese Weise Zeit zu sparen, mit dem Ergebnis, dass wir so viel Zeit übrighaben, dass wir auf die Idee kommen, noch mehr zu arbeiten. Wir wollen einfach von Natur aus immer schneller, höher, besser, weiter. Ich sag dir mal was: Wir genügen. So, wie wir sind. Wenn uns also etwas unsere Arbeit abnimmt, dann sollten wir das genießen und unsere Freizeit sinnvoll nutzen, das heißt, etwas tun, das zu unserem Wohlbefinden beiträgt.

Wünscht du dir mehr Geduld, innere Ruhe, mehr Konzentration und die Fähigkeit, 15 Minuten am Stück einfach nur dazusitzen und die Natur zu betrachten? Das kannst du tatsächlich sofort haben! Gönn dir einen einwöchigen Digital-detox-Urlaub, am besten verbunden mit Wanderungen in der Natur. Begib dich dafür an einen Ort, an dem es keine technischen Geräte gibt (Black-Hole-Hotel, Zelt, Hütte etc.) und lass auch deine eigenen Geräte zu Hause.
Nimm dir nichts weiter vor, außer ein wenig Bewegung in der Natur, zu lesen, zu schlafen und ein heißes Bad zu nehmen. Sobald du wieder zu Hause bist, verspürst du vielleicht die Lust, dein Smartphone und deinen Laptop aus deiner Wohnung zu verbannen. Du könntest dir zum Beispiel einen Co-Working Space anmieten (die gibt es schon ab fünfzig Euro pro Monat) und deine Arbeitsgeräte im Schließfach lassen. Wenn du dann mit der Arbeit fertig bist, bist du nicht mehr erreichbar und kannst dich ganz entspannt den schönen Dingen des Lebens widmen.

Goodbye junk values!

Was unser Wertesystem mit Depressionen zu tun hat und wie Kühe uns retten können

> Wir leben in einer Maschine, die uns beibringt,
> die wichtigen Dinge im Leben zu ignorieren.
>
> – Johann Hari

Tauscht du Zeit im Freien gegen Zeit vor deinem PC aus? Rackerst du dich im Fitnessstudio ab und postest Selfies, statt ein Abenteuer mit deinen Freunden zu erleben? Bist du häufig allein und antriebslos? Dann hilft vitaminreiches Essen allein nicht, um dich wieder auf die Bahn zu bringen. Vielen Menschen kann selbst beim Arzt nicht ausreichend geholfen werden, da ihnen dort Mittel gegen die Symptome verordnet, aber die eigentlichen Probleme nicht behandelt werden. Eine Heilungschance gibt es nur, sofern wir den Auslöser finden.

Das Bewusstsein eines Menschen ist vergleichbar mit einem Fluss. Es fließt zwar immer Wasser, aber es ist nie ein und dasselbe Wasser. So ist es auch mit unserem Bewusstsein. Unsere Gedanken sind in ständigem Fluss und immer ein klein wenig anders als noch in der Sekunde, Minute oder Stunde zuvor. Das bedeutet auch, dass wir uns stetig wandeln und mit uns unsere Werte. Vorsicht ist geboten, wenn man plötzlich an falschen Werten festhängt. Woher wissen wir in so schnelllebigen Zeiten noch, was ein guter und ein schlechter Wert ist?

Was tut uns gut?

Da sich unser Gehirn strukturell von dem eines Steinzeitmenschen nicht gravierend unterscheidet, sind auch die Dinge, die uns guttun, gleich geblieben. Zeit in der Natur, Bewegung,

soziales Engagement, ausreichend Schlaf etc. Wir wissen scheinbar intuitiv, nach welchen Werten wir leben wollen, um unsere Gemeinschaft zu fördern und unseren Planeten zu einem lebenswerten Ort zu machen.
Wir sind soziale Wesen und lassen uns von unseren Mitmenschen stark beeinflussen. Immerhin wollen wir zur Gruppe dazugehören, um nicht als Außenseiter zu gelten. Wenn alle anderen ein Smartphone haben, dann will ich natürlich auch eins. Wenn alle anderen acht Stunden am Tag arbeiten, dann mache ich das auch. Mit dieser ständigen Beeinflussung und dem technologischen Wandel gehen Wertverschiebungen einher. Dass es nämlich nicht gut ist, zu lange auf einen Bildschirm zu starren, steht im Widerspruch zu dem Wunsch, zur Gruppe dazuzugehören. Die Folge davon ist, dass immer mehr Menschen damit beschäftigt sind sich einzugliedern, als darauf zu hören, was ihnen persönlich guttun würde.
Was passiert: Wir entfernen uns von der Natur und unseren eigenen Bedürfnissen. Wir fühlen uns einsam, erschöpft, leer und sehen keinen Sinn mehr in unserem Dasein. Wir haben eine Depression. Häufig suchen wir dann aber nicht direkt nach der Ursache, sondern lassen uns chemische Medikamente verschreiben, damit wir unser „Problemchen" sofort in den Griff bekommen.

Depression

Eine Depression ist eine schwerwiegende psychische Erkrankung, die bei Nichtbehandlung den Patienten in den Selbstmord treiben kann. Eine genetische Prädisposition, traumatische Erlebnisse, Stress, aber auch eine unerfüllte Sinnsuche können in einer Depression münden. Neben der Psychotherapie helfen chemische Medikamente, sogenannte Antidepressiva. Bei einer Depression ist unter anderem die Kommunikation zwischen den Neurotransmittern gestört.

Wissenschaftler fanden außerdem heraus, dass der Hippocampus (Speicher von Erinnerungen) von Depressiven kleiner ist als bei gesunden Menschen. Eine mögliche Begründung hierfür ist, dass der Stress die Neubildung von Neuronen unterbindet. Um zumindest die Kommunikation zwischen den Neurotransmittern wie zum Beispiel Serotonin wieder zu stärken, setzt man Antidepressiva ein. Die Wunderpillen wurden rein zufällig erfunden. Schweizer Forscher bemerkten während einer Versuchsreihe, dass ein bestimmter Wirkstoff Euphorie bei den Testpersonen auslöste. Ihre Funktionsweise ist komplex und bis heute noch nicht vollständig nachgewiesen. Man weiß bisher, dass einige Antidepressiva die Wiederaufnahme von ausgeschüttetem Serotonin in die Zelle blockieren, damit die Konzentration von Serotonin in der Synapse gewährleistet ist. Das sorgt für eine Balance der Botenstoffe im Gehirn und verhindert Stimmungstiefs.

Gibt es denn keine Alternative zu chemischen Medikamenten bei einer Depression? Doch: Kühe!

Können Kühe wirklich Leben retten?

Im Jahr 2001 reiste der südafrikanische Psychiater Dr. Summerfield nach Kambodscha, um der vom Bürgerkrieg und den Geschehnissen auf den Killing Fields gepeinigten Bevölkerung zum ersten Mal chemische Antidepressiva mitzubringen. Dr. Summerfield traf sich mit lokalen Ärzten und berichtete, er hätte für ihre Patienten eine Wunderpille dabei. „Antidepressiva?“, fragten die kambodschanischen Ärzte. „Antidepressiva haben wir auch!“, erklärten sie stolz. „Kürzlich kam ein Reisfeldarbeiter zu uns. Er war ein glücklicher Mann, bis er auf dem Feld auf eine Landmine trat und dabei sein Bein verlor. Er bekam eine Prothese und konnte dennoch kaum weiterarbeiten.

Zu sehr schmerzte ihn die körperliche Arbeit, und auch der ständige Gedanke an den Unfall fügte ihm mentale Schmerzen zu. Sein Leid war natürlich nachvollziehbar, denn der Auslöser für seine Misere war ein unglückliches Ereignis. Nach einer Weile lag der Reisfeldarbeiter nur noch weinend im Bett und wies alle Symptome einer klassischen Depression auf. Wir hörten ihm aufmerksam zu und entschlossen uns, ihm Antidepressiva zu geben." „Und was war das für ein Mittel?", fragte der Psychiater. „Eine Kuh", antworteten die kambodschanischen Ärzte. „Wir schenkten ihm eine Kuh. Mit dieser Kuh konnte er eine Milchwirtschaft gründen und sich selbst versorgen. Er musste nie wieder auf dem Reisfeld arbeiten, und schon nach wenigen Wochen war er von all seinen psychischen Belastungen geheilt."
Diese Geschichte erzählte Johann Hari 2019 auf einem TED-Kongress. Der britische Journalist litt jahrelang an wiederkehrenden Depressionen und nahm vom Arzt verordnete Antidepressiva ein. Eine Zeit lang hellte sich dadurch sein Gemütszustand auf, nur um sich danach noch dunkler zu verfärben. Er hatte das Gefühl, dass die Medikamente nur für kurze Zeit die Symptome, aber nicht den Auslöser seiner Erkrankung beeinflussten. Er fragte sich, weshalb die Zahl der depressiven Menschen heutzutage höher sei als je zuvor, wobei es der Welt doch selten so gut erging. Besonders in der westlichen Welt war die Zahl der Arbeitslosen nie so gering wie heute, die Menschen haben Zugang zu Lebensmitteln, Vergnügungen, und fast alle haben ein Dach über dem Kopf.
Während der Wohlstand steigt, steigt zugleich die Zahl der Selbstmorde. Noch nie zuvor in der Geschichte fühlten sich Menschen so einsam wie heute. Wie ist das möglich?
Hari hat eine simple Antwort auf die Frage: falsche Werte. Nicht nur die genetische Veranlagung, auch die Abwendung von der Natur, toxische Beziehungen und der falsche Job sind Gründe für eine Depression. Und genau in diese Richtung schlittern wir, ohne dass es uns bewusst wird. Wenn sich jemand

über seinen Job beklagt, lautet die Antwort häufig: Jetzt reiß dich doch einfach zusammen! Dann wird ihm vielleicht noch eine Pille verschrieben, und der Fall ist erledigt. In Kambodscha gehen die Ärzte viel stärker auf das Problem ihres Patienten ein, indem sie ihm aufmerksam zuhören. Es gibt nicht die eine Lösung, das eine Medikament für alle, die an Depressionen leiden. Jeder Mensch, jedes Gehirn ist einzigartig. So sind auch psychische Störungen einzigartig und verlangen nach einer individuellen Behandlung. Ein Mensch mit einer Depression ist letztendlich ein Mensch mit unerfüllten Bedürfnissen.

Social Media – Fastfood für die Seele?

Laut Hari gibt es neben dem *Junkfood*, das McDonald's für den Körper bereitstellt, auch *Junkvalues*, das KFC für die Seele. Kurz gesagt Werte, die schlecht sind für unsere Psyche. Dazu gehört Selbstdarstellung in sozialen Medien, während man innerlich vereinsamt. Angeberei, ein zu großer Fokus auf Statussymbole und die eigene Ästhetik sind ebenfalls das Resultat falscher Werte. Das sind Dinge, die uns von außen beeinflussen, durch die wir aber kein Glück in unserem Inneren finden. Viele Menschen suchen sich ein Studium oder eine Arbeit aus falscher Motivation heraus aus. So erheben sie Reichtum zu einem wichtigen Wert und studieren etwas, das sie zwar nicht besonders interessiert, ihnen aber möglichen Reichtum oder Ruhm verschafft. Wie lässt es sich sonst erklären, dass heutzutage so viele Mädchen lieber Influencerin als Tierärztin werden wollen? Statt anderen zu helfen, ist auf einmal Selbstdarstellung ein anerkannter Wert in unserer Gesellschaft.

Das unendliche Streben nach mehr materiellem Besitz ist ebenfalls ein Grund, der viele Menschen unglücklich macht. Denn wer mehr besitzen will, hat gleichzeitig das Gefühl, dass ihm etwas fehlt. Mehr Sachen, mehr Erfolg, mehr

Facebook-Freunde und damit auch mehr Streben nach Glück machen die Menschen letztendlich unzufrieden und krank. Hari insistiert auf einem Umdenken, in einem Wahrnehmen und Streben nach Werten, die uns guttun, Liebe, Geborgenheit, die eigene Berufung und den Sinn des Lebens finden, die Rückkehr zur Natur. Nur wenn uns unsere wahren Werte bewusst werden, können wir glücklich leben und uns freimachen von fiesen Junkvalues. Derjenige, der seine wahre Bestimmung gefunden hat, kann diese auch mit Herzblut ausüben und erfolgreich sein Leben meistern.

Entscheide unabhängig von deinem Umfeld, was dir guttut. Um deine persönlichen Werte zu finden, musst du kein Selfie posten, kein neues Auto kaufen oder nach Mallorca fliegen. Um sie zu finden, musst du in dich gehen. Nimm dir Zeit dafür. Neigst du etwa zu depressiven Verstimmungen, weil du zu viel Zeit auf sozialen Medien verbringst und dich unterbewusst ständig mit anderen vergleichst? Reduziere deine Online-Momente und ersetze sie durch einen Spaziergang oder eine Wanderung mit Freunden in der Natur oder fang eine neue Teamsportart an. Stresst dich dein Alltag jeden Tag aufs Neue? Dann ändere ihn und baue dir schöne Rituale ein, wie ein paar Minuten Meditation und Yoga am Morgen oder eine Tasse Kaffee und ein Kapitel aus einem schönen Buch, bevor du mit deiner Arbeit beginnst.

Überlebe im Paradies!

Die Zukunft unserer Intelligenz

Nicht nur dem Leben mehr Tage,
sondern den Tagen mehr Leben geben.

– anonym

Was ist das, ein Paradies? Wie viel Ähnlichkeiten hat es mit unserer heutigen Welt, was hat es mit künstlicher Intelligenz zu tun und wie sehr schätzen wir es wirklich?
Paradies, Schlaraffenland – man hatte sich das Schlaraffenland im Mittelalter als einen Ort vorgestellt, an dem niemand Hunger leiden muss, die Menschen frei sind und in Frieden leben. Fließendes Wasser, Freizeit, Ruhe, ein Dach über dem Kopf, viele Freunde und eine gesunde Familie, keine Sorgen, keine Kriege – dafür ein friedliches Miteinander. Ein Ort fernab von jeglichem Schmerz, wo Menschen in Hülle und Fülle bekommen, wonach ihnen gerade beliebt. In einer Zeit, in der Hygiene ein Fremdwort war, man sich glücklich schätzen konnte, wenn man das stolze Alter von dreißig Jahren erreichte und noch nicht vergewaltigt oder gefoltert worden war, fantasierten Menschen von einem Zustand des puren Glücks: dem Paradies. Heute leben wir in großen Teilen der westlichen Welt in so einem Paradies – und schaffen es einfach nicht, damit klarzukommen.
Der holländische Schriftsteller Rutger Bregman erkannte in seinem Werk *Utopien für Realisten* sehr gut, dass wir in den westlichen Ländern schon längst im Paradies angekommen sind. Bregman bemerkte, dass die Beschreibung des Schlaraffenlandes im Mittelalter erstaunliche Ähnlichkeiten mit unserer heutigen Welt hat. Und er behält recht. Es steht bei vielen Menschen nicht mehr auf der Tagesordnung, sechs Stunden allein dafür zu opfern, zu einer Wasserstelle zu wandern und schwere Kübel nach Hause zu transportieren. Wir müssen keine Angst haben, wenn wir auf die Straße gehen. Überall gibt es ausreichend Nahrungsmittel, und unsere Freizeit können wir nach Lust und Laune gestalten. Wir leben im Paradies! Auch die Zukunftsvisionen aus dem Film *Die Zeitmaschine* aus dem Jahre 1960 stimmen unheimlich mit unserer heutigen Realität überein. Denn dort leben die Menschen zwar zufrieden, aber sie verdummen, weil sie aufgehört haben, zu lesen und sich

fortzubilden. Erschreckende Parallelen, bedenkt man, dass sich unsere Jugendlichen von Instagramstorys berieseln lassen und Schiller und Goethe für ausgefallene Clubnamen halten. Wie wird es weitergehen mit uns? Landen wir in einem Paradies, das aus naiv-dummen Menschen besteht, die gehorsam den von ihrem Smartphone vorgeschlagenen Algorithmen folgen?

Wie sieht die Zukunft unserer Gehirne aus?

Unser heutiges Exemplar hat sich von dem aus der Steinzeit nicht gravierend weiterentwickelt. Wie funktioniert aber die Zukunft, die uns auf dem technologischen Level viel abverlangen wird? Werden wir irgendwann imstande sein zu multitasken? Laut einem Artikel in *The Guardian* von 2019 basteln Firmen im Silicon Valley gerade an Implantaten, die es möglich machen sollen, dass wir mit reiner Gedankenkraft eine Nachricht auf ein technisches Gerät versenden. Ganz ohne zu tippen!
Gedankenübertragung von Hirn zu Hirn, multidimensionales Denken, unfehlbares Gedächtnis und Körperverlängerungen zu Objekten, die in einer kilometerweiten Entfernung liegen – keine Science Fiction mehr, sondern die greifbare Zukunft unseres Daseins.

Algorithmen regieren die Welt

Furchterregend realistisch liest sich auch *Quality Land* von Marc-Uwe Kling, der eine Zukunft spinnt, die zum Greifen nahe liegt. Beruf, Dating, Kaufverhalten – das ganze Leben wird von Algorithmen bestimmt. Ein möglicher Partner mit denselben Interessen und ähnlichem Attraktivitätsgrad wird dem Suchenden vorgeschlagen. So weit entfernt von Tinder und anderen Dating-Plattformen ist diese Idee nicht. Online werden maßgeschneiderte Produkte zum Kauf vorgeschlagen, die den Käufer letztendlich per Drohne erreichen, die man wiederum

umgehend bewerten muss. In *Quality Land* muss man alles und jeden ständig bewerten. Na, klingelt es bei dir? Es fehlt nicht mehr viel, und wir leben alle still versteinert in unserem Quality Paradies. Irgendwie zufrieden, denn es gibt ja keinen Grund, unglücklich zu sein, wenn man alles hat, was man vermeintlich haben will. Aber kann man überhaupt noch glücklich sein, wenn man niemals einen Grund zum Unglücklich-Sein hat? Werden wir dann nicht alle dauer-depressiv und gleichgültig? Macht nicht gerade der Kontrast zwischen Anstrengung (Vokabeln pauken, Fitnesstraining etc.) und Belohnung (bestandene Prüfung, Siegerehrung und so weiter) das Leben aufregend und lebenswert? Ich bewundere Personen, die viel lesen oder sechs Sprachen fließend sprechen, weil es Geduld, Konzentration und kognitive Höchstleistung abverlangt. Bereits jetzt gibt es aber Apps, die dir einen Satz in Nullkommanichts in die gewünschte Fremdsprache übersetzen. Dadurch werden Dolmetscher überflüssig, und Handys agieren als Mediator zwischen zwei Gesprächspartnern aus unterschiedlichen Herkunftsländern. Wer sollte dann noch mühsam selbst eine Sprache erlernen? Maschinen übernehmen für uns das Denken, und wir verlernen peu à peu, unsere kognitiven Kapazitäten zu nutzen.
In dem fiktiven Film *Her* aus dem Jahre 2013 mit Joaquin Phoenix in der Hauptrolle wird eine Welt dargestellt, in der Menschen mit Maschinen zusammenleben. Sie alle haben kaum noch sozialen Kontakt und vereinsamen in einem Leben, in dem alles technisiert und vereinfacht ist. Der Protagonist verliebt sich in seiner Einsamkeit in die Stimme seiner persönlichen Roboterassistentin. Dass es so weit kommen wird, bezweifle ich nicht.
Sich mit einem guten Freund den ganzen Tag lang im Park unterhalten, ohne dass ein Handy oder ein anderes technisches Gerät dazwischenfunkt. Solche Momente schaffen zwischenmenschliche Nähe, die ein technisches Gerät nicht ersetzen kann. Das soziale Miteinander macht glücklich, ebenso wie die Belohnung für eine kognitive oder physische Leistung.

Maschinen nehmen uns irgendwann Arbeit ab, die wir vielleicht gar nicht abgeben möchten, weil sie unserem Dasein Sinnhaftigkeit verleiht. Ohne Lebenssinn fallen wir in ein tiefes Loch, aus dem wir das Paradies vielleicht nicht mehr sehen können.

Unser heutiges Leben und der weitverbreitete Wohlstand bieten uns die besten Voraussetzungen, ein erfolgreiches und glückliches Leben zu führen, in dem wir sehr häufig tun dürfen, was uns gefällt. Mach dir deinen Lebenssinn und das Paradies bewusst. Halte öfter einmal inne, um den Moment zu genießen. Denn nicht nur das Leben, auch das Paradies ist endlich.

Sei frei!

Eine Geschichte über die Freiheit

> Ich lebe nur einmal. Und so wie ich lebe,
> ist einmal auch genug.
>
> – Falco

Leben. Was bedeutet das? Ist es Abenteuer, reisen durch ferne Länder, mit Freunden am Lagerfeuer sitzen und Geschichten erzählen, tanzen, lachen, diskutieren? Ist es ein tägliches Dazu-Lernen, Überrascht-Werden, Herausforderungen-Annehmen, Sich-immer-wieder-neu-Erfinden? Bedeutet Leben nicht vor allem im Moment sein, genießen? Bedeutet es nicht, zu vertrauen und zu glauben? Verrückt und spontan zu sein? Bedeutet es nicht, frei und glücklich zu sein?
Wieso sind wir dann heute so beschäftigt damit, dem Leben aus dem Weg zu gehen? Wieso lassen wir uns freiwillig all unserer Freiheit berauben, indem wir Google, Facebook und WhatsApp all die Informationen geben, die nötig sind, um uns fernzusteuern? Indem wir all das kaufen, was uns ein Algorithmus vorschlägt? Wie die Blöden klicken wir auf jedes blinkende

Lämpchen, weil unser Gehirn blinkende Lämpchen mag und Software-Entwickler das auszunutzen wissen.
Niemand traut sich mehr, etwas zu sagen, auf die Barrikaden zu gehen, so sehr fürchtet er die folgenschwere Reaktion der Mitmenschen. Diskussionen sind keine nach feinen Manieren ausgetragenen verbalen Fechtduelle mehr, vielmehr entladen sich unsittlich formulierte Meinungen heute in Form von anonymen Kommentaren im Internet. Niemand hat mehr die Eier, zu seiner Meinung zu stehen, und so versteckt man sich eben hinter dem schönen Schutzwall der Netzwerkfassade. Diskussionen brauchen wir tatsächlich kaum noch, es gibt ohnehin nur Schwarz und Weiß, und jeder verharrt auf seiner eingemeißelten Ansicht, ohne den Gegenargumenten Gehör zu schenken.
Wie weit sollte man sich der Masse beugen, um noch als sozialer Mensch durchzugehen, und wann darf man protestieren, weil man es seiner Freiheit schuldig ist? Gibt uns der uneingeschränkte Zugang zum Internet wirklich die Freiheit, die wir uns immer gewünscht haben, oder macht nicht gerade die Schrankenlosigkeit uns so unfassbar abhängig, weil wir alle acht Minuten unsere Nachrichten checken in der panischen Angst, das Leben zu verpassen. Oder verpassen wir paradoxerweise gerade dadurch das Leben?

Haben wir einen freien Willen?

Eines der großartigsten Experimente auf dem Gebiet des Bewusstseins führte John-Dylan Haynes im Bernstein Center for Computational Neuroscience in Berlin durch. Er wollte herausfinden, wie die Hirnsignatur des freien Willens aussieht und ob man die Entscheidung einer Person vorhersagen könnte, noch bevor diese Person die Entscheidung bewusst traf. Bei dem Experiment lag die Testperson im CT-Scanner, in der Hand ein Gerät mit einem rechten und einem linken Knopf, ganz simpel.

Die Aufgabe der Teilnehmerin bestand darin, wann immer sie mochte den rechten oder den linken Knopf zu drücken.
Die Forscher kamen zu einer bahnbrechenden Erkenntnis: Ihre Scans zeigten, dass sie teilweise bis zu sieben Sekunden vor der Betätigung eines Knopfes bereits unterbewusst entschieden hatte, welchen Knopf sie als Nächstes drücken würde. Ihr selbst war das während der Aufgabe nicht bewusst. Sie drückte vermeintlich willkürlich und ohne sich darüber Gedanken zu machen einen der beiden Knöpfe.
Wir denken also häufig, wir würden spontan oder willkürlich handeln, dabei ist jede Aktion in unserem Gehirn bereits vorher geplant worden. Wir sind uns also nicht mal unserer eigenen Entscheidungen wirklich bewusst.

Wir tun alles, was uns gesagt wird

Vor einiger Zeit meinte eine Komikerin: „Und wenn die Regierung uns vorschreibt, ab morgen nur noch mit Mützen herumzulaufen, auf denen vorne groß *Depp* draufsteht, würden wir das dann tun?" Ja, man würde es wahrscheinlich tun. Wir tun im Grunde alles, was uns gesagt wird. Wer nicht pariert, ist Individualist oder Verschwörungstheoretiker. Wenn du schon eine eigene Meinung haben musst, dann such dir bitte eine aus, die vom Algorithmus vorgeschlagenen wird.
Nicht nur Meinungen, auch Dinge nehmen uns Freiheit. Ein Schrank voller Klamotten, von denen wir die Hälfte nicht mehr tragen, Bilder, Bücher, Dekoartikel, sie alle belasten unseren Geist und nehmen uns die Freiheit, spontan umzuziehen, die Welt zu entdecken.
Lass los, du brauchst diese Dinge nicht.
Ich beneide die Charaktere aus der beliebten Serie *Friends* aus den 90ern. Sechs Freunde treffen sich regelmäßig in einem New Yorker Café und teilen miteinander ihr Leben. Es gibt kein Smartphone, es gibt kein Tinder, niemand sitzt allein vor seinem PC im Homeoffice, niemand desinfiziert sich panisch

die Hände nach einer unfreiwilligen Berührung. Filme holt man in der Videothek, für Musik besucht man ein Konzert, und am Wochenende spielt und trinkt man. Und das alles immer gemeinsam.

Für die kommenden Jahre wünsche ich mir mehr Leben mit Köpfchen. Eine Rebellion gegen die Smartphone-Kultur, Raum für offene Diskussionen, Ablehnung unsinniger Vorschriften – für mehr gemeinsame Momente und echte Freiheit. Wir werden immer Probleme haben, und was meine Generation betrifft, bin ich froh, dass es manchmal nur die angeblich gendergerechte Sprache ist, die uns Sorge bereitet.

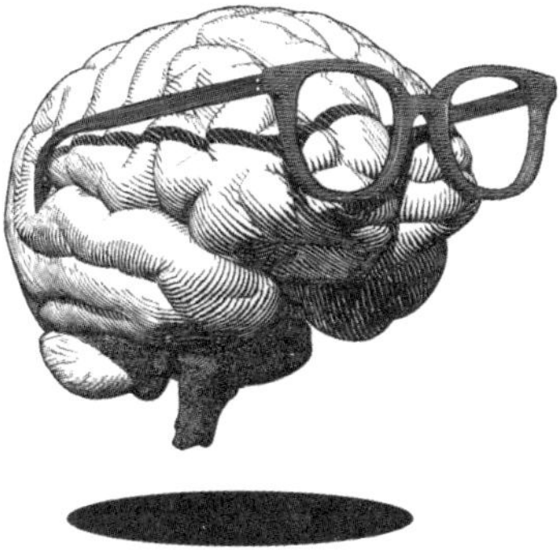

Julia Reichert, geboren 1993 in Hamburg, hat Germanistik und französische Philologie in Potsdam und Paris studiert, Flüchtlinge unterrichtet und ab 2018 Neurowissenschaften der Sprache in Nordspanien studiert. Seit 2019 wohnt sie in München und arbeitet als Autorin. Sie schreibt unter anderem für die Münchner Abendzeitung und hat bereits einen Stadtführer über San Sebastián und Bilbao herausgebracht.

LITERATURVERZEICHNIS

Dr. Avena, N., How sugar affects the brain, https://ed.ted.com/lessons/how-sugar-affects-the-brain-nicole-avena

Beaty, R. E. et al. (2018), Robust Prediction of Individual Creative Ability from Brain Functional Connectivity, pnas

Collins, A. (2014), How playing an instrument benefits your brain, Ted-Ed, https://www.ted.com/talks/anita_collins_how_playing_an_instrument_benefits_your_brain?language=de

Düssler, B. (2018), Hör auf, dich fertigzumachen! Wie wir zu einem dauerhaft positiven Selbstwert finden, kailash

Emmons, R. A., McCullough, M. E. (2003), Counting Blessings Versus Burdens: An Experimental Investigation of Gratitude and Subjective Well-Being in Daily Life, Journal of Personality and Social Psychology, Inc. 2003, Vol. 84, No. 2, 377–389

Fisher, H. et al. (2005), Romantic love: an fMRI study of a neural mechanism for mate choice, ncbi

Focus online, Fünf Gründe, warum Sie kalt duschen sollten, https://www.focus.de/gesundheit/praxistipps/kalt-duschen-das-sind-die-vorteile_id_7462392.html

Francesc M., García H. (2018), Ikigai: Gesund und glücklich hundert werden, Allegria

Freedman, M. (2014), Delaying Onset of Dementia: Are Two Languages Enough?, NCBI

Haberl, T. (2019), Die große Entzauberung. Vom trügerischen Glück des heutigen Menschen, Blessing

Hattori, K., Iverson, P., 2009, English /r/-/l/ category assimilation by Japanese adults: Individual differences and the link to identification accuracy, University of Tokushima

Kesebir, P. (2014), A quiet ego quiets death anxiety: Humility as an existential anxiety buffer. Journal of Personality and Social Psychology, 106(4), 610–623. http://doi.org/10.1037/a0035814

Kini, P. et al. (2016), The effects of gratitude expression on neural activity, Neuroimage

Kirkby, L. A. et al. (2018), An Amygdala-Hippocampus Subnetwork that Encodes Variation in Human Mood, Cell

Kirschner, H. et al. (2019), Soothing Your Heart and Feeling Connected: A New Experimental Paradigm to Study the Benefits of Self-Compassion, University of Exeter and University of Oxford

Kreuzinger, N. (2009), Das Hormon der Macht: Wie sich Testosteron auf Karriere, Sex und Gesundheit auswirkt, www.trend.at, Zugriff: 23.03.2020

Kyaga, S. et al. (2001), Creativity and mental disorder: Family study of 300 000 people with severe mental disorder, Cambridge University Press

Lelord, F. (2002), Hectors Reise oder die Suche nach dem Glück, Piper

Lewina O. Lee et al. (2019), Optimism is associated with exceptional longevity in 2 epidemiologic cohorts of men and women, PNAS September 10, 2019 116 (37) 18357–18362

Mills, P. J. et al. (2015), The Role of Gratitude in Spiritual Well-Being in Asymptomatic Heart Failure Patients, University of Stirling

Nave, G. et al. (2017), Single dose testosterone administration impairs cognitive reflection in men, University of Pennsylvania

Norcross, J. C., Vangarelli, D. J. (1988), The resolution solution: longitudinal examination of New Year's change attempts, J Subst Abuse. 1988–1989; 1(2): 127–134.

Web-Quellen

https://www.neuronation.com/science/benefits-of-smiling, neuronation, Zugriff: 02.05.2020

https://www.scientificamerican.com/article/bad-news-for-the-highly-intelligent/, Zugriff: 15.05.2020

https://neuro.hms.harvard.edu/harvard-mahoney-neuroscience-institute/brain-newsletter/and-brain-series/love-and-brain, Zugriff: 01.04.2020

https://www.stern.de/neon/wilde-welt/gesellschaft/generation-selfie--warum-wir-suechtig-nach-anerkennung-sind-7906862.html, Zugriff: 24.05.2020

https://www.sueddeutsche.de/wissen/hirnforschung-der-luege-auf-der-spur-1.588279, Zugriff: 26.05.2020

https://www.mindmovies.com/blogroll/the-neuroscience-of-visualization, Zugriff: 02.02.2020

https://www.spiegel.de/wissenschaft/mensch/psyche-und-gesundheit-einsamkeit-schadet-genauso-wie-rauchen-a-708728.html, Zugriff: 03.05.2020 https://www.stern.de/kultur/tv/promi-big-brother-und-co-wer-sind-all-diese-trash-tv-teilnehmer--8187318.html, Zugriff: 04.06.2020

https://www.br.de/br-fernsehen/sendungen/gesundheit/kaelte-kammer-rheuma-eis-baden-gesund100.html, Zugriff: 04.06.2020

https://www.n-tv.de/leben/Warum-meckern-Deutsche-so-viel-article21134219.html, Zugriff: 15.06.2020

https://www.mindmovies.com/blogroll/the-neuroscience-of-visualization, Zugriff: 19.06.2020

https://www.medicalnewstoday.com/articles/324044, Zugriff: 27.05.2020

https://www.spiegel.de/gesundheit/psychologie/dankbarkeit-die-wurzel-fuer-gesundheit-und-wohlbefinden-a-1124119.html, Zugriff: 04.06.2020

https://www.washingtonpost.com/news/wonk/wp/2015/05/04/why-diets-dont-actually-work-according-to-a-researcher-who-has-studied-them-for-decades/

Fußnoten

1 Hattori, K., Iverson, P., 2009, English /r/-/l/ category assimilation by Japanese adults: Individual differences and the link to identification accuracy, University of Tokushima

2 Freedman, M. (2014), Delaying Onset of Dementia: Are Two Languages Enough?, NCBI

3 Lewina O. Lee et al. (2019), Optimism is associated with exceptional longevity in 2 epidemiologic cohorts of men and women, PNAS September 10, 2019 116 (37) 18357–18362

4 Kirkby, L. A. et al. (2018), An Amygdala-Hippocampus Subnetwork that Encodes Variation in Human Mood, Cell

5 Kyaga, S. et al. (2001), Creativity and mental disorder: Family study of 300 000 people with severe mental disorder, Cambridge University Press

6 Collins, A. (2014), How playing an instrument benefits your brain, Ted-Ed, https://www.ted.com/talks/anita_collins_how_playing_an_instrument_benefits_your_brain?language=de

7 Norcross, J. C., Vangarelli, D. J. (1988), The resolution solution: longitudinal examination of New Year's change attempts, J Subst Abuse. 1988–1989; 1(2): 127–134

8 https://www.washingtonpost.com/news/wonk/wp/2015/05/04/why-diets-dont-actually-work-according-to-a-researcher-who-has-studied-them-for-decades/

9 https://snowbrains.com/the-brain-science-behind-flow-states/

10 Zitat Hugo von Hofmannsthal

11 Die Betonung liegt hier auf „zu viel".

12 Dr. Avena, N., How sugar affects the brain, https://ed.ted.com/lessons/how-sugar-affects-the-brain-nicole-avena

13 https://www.medicalnewstoday.com/articles/324044

14 https://www.smithsonianmag.com/science-nature/what-happens-brain-feel-fear-180966992/act

15 Fisher, H. et al. (2005), Romantic love: an fMRI study of a neural mechanism for mate choice, ncb

16 https://neuro.hms.harvard.edu/harvard-mahoney-neuroscience-institute/brain-newsletter/and-brain-series/love-and-brain, Zugriff: 01.04.2020

17 https://www.scientificamerican.com/article/bad-news-for-the-highly-intelligent/, Zugriff: 15.05.2020

18 https://www.stern.de/neon/wilde-welt/gesellschaft/generation-selfie--warum-wir-suechtig-nach-anerkennung-sind-7906862.html, Zugriff: 24.05.2020

19 Nave, G. Et al. (2017), Single dose testosterone administration impairs cognitive reflection in men, University of Pennsylvania

20 Kreuzinger, N. (2009), Das Hormon der Macht: Wie sich Testosteron auf Karriere, Sex und Gesundheit auswirkt, www.trend.at, Zugriff: 23.03.2020

21 https://www.br.de/br-fernsehen/sendungen/gesundheit/kaelte-kammer-rheuma-eis-baden-gesund100.html, Zugriff: 04.06.2020

22 https://www.sueddeutsche.de/wissen/hirnforschung-der-luege-auf-der-spur-1.588279, Zugriff: 26.05.2020

23 Beaty, R. E. et al. (2018), Robust Prediction of Individual Creative Ability from Brain Functional Connectivity, pnas

24 https://www.neuronation.com/science/benefits-of-smiling, neuronation, Zugriff: 29.05.2020

25 Emmons, R. A., McCullough, M. E. (2003), Counting Blessings Versus Burdens: An Experimental Investigation of Gratitude and Subjective Well-Being in Daily Life, Journal of Personality and Social Psychology, Inc. 2003, Vol. 84, No. 2, 377–389

26 https://www.spiegel.de/gesundheit/psychologie/dankbarkeit-die-wurzel-fuer-gesundheit-und-wohlbefinden-a-1124119.html

27 Mills, P. J. et al. (2015), The Role of Gratitude in Spiritual Well-Being in Asymptomatic Heart Failure Patients, University of Stirling

28 Kini, P. et al. (2016), The effects of gratitude expression on neural activity, Neuroimage

29 https://frontiersmag.wustl.edu/2018/12/21/neuroscience-of-first-impressions/

30 https://www.mindmovies.com/blogroll/the-neuroscience-of-visualization

31 Kirschner, H. et al. (2019), Soothing Your Heart and Feeling Connected: A New Experimental Paradigm to Study the Benefits of Self-Compassion, University of Exeter and University of Oxford